Creating Conditions for Change (3rd Edition)

CARE

6 大原則╳5 大層級
啟動兒少關懷的正向循環

瑪莎・霍登 Martha J. Holden ——著
李宜勳 ——譯

這本書獻給──

面臨逆境的孩子和他們的家庭，

以及關愛、不懈努力支持、

鼓勵並關懷他們的照顧者和專業工作者。

目錄

建立基礎

始於你所相信的

建構照顧社群

原則一：關係為本

原則二：創傷知情

登入會員下載
全書參考文獻

圖表目錄

為安置機構孩子
創造最佳利益的 CARE 旅程

14 年前，第二版《兒童與住宿照顧經驗：創造改變的條件》（*Children And Residential Experiences: Creating Conditions for Change*）發行，期待能拉近我們對照顧弱勢孩子的知識與實務落差。做為專業社群，我們如何為照顧的孩子提供和自己的孩子相同的機會？我們如何讓自己的每次互動、每個決定、每個回應，都能符合這些受集體照顧孩子的最佳利益？第三版《CARE：6 大原則 ×5 大層級，啟動兒少關懷的正向循環》描述兒童服務組織與康乃爾大學合作，執行、延續和評估 CARE 模式所學到的知識，這不只涉及機構住宿式和團體照顧，還包含寄養和親屬照顧，以及社區式服務，書名也因此有所改變。簡而言之，為家外安置照顧的孩子創造能茁壯成長的條件，關鍵要素是尊重與關懷的關係、個別化的支持和鼓勵，以及正向和豐富多采的經驗。撫育孩子是藝術和科學。孩子面對的挑戰愈多，我們就

愈需要依賴科學，以及我們內在與外在的資源。

踏上 CARE 的旅程

2005 年，南卡羅萊納州兒童之家和家庭服務協會（South Carolina Association of Children's Homes and Family Services, SCACHFS）執行長南西‧裴瑞（Nancy Perry）（1944～2007），請求康乃爾大學的住宿式兒童照顧計畫（Residential Child Care Project, RCCP）開發針對直接照顧工作者的培訓計畫，用以支持和強化各種住宿式照顧治療模式中共同的成效元素。接下來的兩年，因為兒童之家和家庭服務協會、南卡羅萊納州社會服務部的慷慨支持，康乃爾大學召集一組國際專家及一百多名該州的住宿式兒童照顧工作者，共同開發、試行和評估一個最佳的實務訓練課程。

2007 年，康乃爾大學發行了本書的第一版《兒童與住宿照顧經驗：創造改變的條件（*Children And Residential Experiences: Creating Conditions for Change*）》，做為機構人員的培訓參考指南。人們在試點培訓期間逐漸意識到，CARE 不僅是一個培訓課程，更是一個架構，一個用在家外安置照顧孩子工作的方案模式。試點機構反映，想要真正落實執行 CARE，整個組織都需要轉變結構和工作方法，提供照顧工作者需要的組織支持和氛圍，能根據實證為本的原則工作。住宿式兒童照顧計畫著手開發了以研究

為基礎的執行策略，包括培訓、技術支援和資訊分析。從 2007 至 2009 年，南卡羅萊納州 Miracle Hill, Inc.、Tamassee DAR School、Epworth Children's Home、Connie Maxwell Children's、Generations Group Homes, Inc.、Carolina Youth Development Center、Billie Hardee Home for Boys 等機構，紐約州 Hillside Family of Agencies、Varick Campus 等單位，以及康乃爾執行團隊成員 Frank Kuhn、Martha Holden、Jack Holden、Michael Nunno，一起實行了 CARE 模式。

到了 2009 年，兩個重要的合作促使住宿式兒童照顧計畫有機會評估 CARE 模式。杜克基金會（Duke Endowment）提供一筆為期五年的資助，支持對北卡羅萊納州和南卡羅萊納州的 14 家住宿式機構，進行 CARE 模式的全面評估。在康乃狄克州，華特弗德鄉村學校（Waterford Country School）在兒童與家庭部的支持下，與康乃爾大學合作執行了 CARE。華特弗德的資訊收集和報告系統提供了機會，得以驗證 CARE 的執行與使用身體拘束及精神藥物之間的相關性。在 CARE 模式發展的這個階段，康乃爾擴大其團隊成員，包括 Frank Kuhn、Martha Holden、Jack Holden、Michael Nunno、Tom Endres（1954 ～ 2021）、Mary Ruberti、Charles Izzo、Trudy Radcliffe 和 Elliott Smith。接下來幾年，這些合作促使 CARE 模式在 2017 年獲得了加州實證基礎資訊中心（California Evidence Based

Clearinghouse, CEBC）的三級科學評級，並且有多篇出版物（還得到 Lisa McCabe 和 Debbie Sellers 的額外研究支持），摘要列於本書第 28 章。

隨著愈來愈多服務組織執行 CARE，焦點也轉到如何保持模式的執行忠實度。2014 年，康乃爾大學召開與 CARE 機構領導者（Kathleen Reynolds, Generations Group Homes、Anton Smith, Oak Hill Ranch、Anne Whelan, Blue Sky、Bill Martin, Waterford Country School、John Holler 和 Lee Porter, Epworth Children's Home、Barry Burkhart, Mt. Meigs, Alabama Department of Youth Services）、CARE 執行團隊（Martha Holden、Frank Kuhn、Tom Endres、Jack Holden、Trudy Radcliffe），以及研究人員（Charlie Izzo、Michael Nunno、Jim Anglin、Lisa McCabe、Debbie Sellers、Elliott Smith）的會議，界定保持 CARE 模式執行忠實度的基本要素。這最終促成 CARE 機構認證流程的建立，以及在 2019 年成立的 CARE 學院。

自 2007 年以來，包含美國、加拿大、澳洲、英國、愛爾蘭和西班牙等國在內，全球超過 100 個方案已執行了 CARE 模式。透過這個全球實務工作者和研究者的國際社群，持續為 CARE 模式的發展、研究和評估挹注貢獻，讓 CARE 旅程持續前行。

期待為精進照顧服務，
帶來嶄新啟發

　　2023 年，當我們的 CARE 同事 Bill Martin 告訴我，本書譯者李宜勳（Eli Yihsun Lee）希望安排線上會議相互認識時，我相當有興趣。宜勳曾在加拿大的 CARE 模式認證機構工作，並十分熱中於分享 CARE 可能為台灣帶來哪些影響與願景——而他的願景，也很快成了我們的願景：CARE 模式能否協助提升台灣兒少安置照顧系統的服務品質？台灣的兒少服務機構和照顧工作者，會將 CARE 做為日常工作中的實務架構嗎？經過美國康乃爾大學的住宿式兒童照顧計畫（Residential Child Care Project）、台灣聖道兒少福利基金會、親子天下、美國 CWLA 出版社（Child Welfare League of America）多方一連串的會議和合作後，達成將本書翻譯成中文並在台灣發行的協議。

　　當我受宜勳邀約為台灣讀者撰寫前言時，內心感到非常榮幸。在多年跨國際的旅行經驗中，我觀察到孩子在許

多不同類型的環境，以及多樣的文化、政治和經濟背景下接受的安置照顧，發現接受安置照顧服務的孩子們與致力於照顧他們的大人們，即使處於不同的環境和條件，彼此間的相似程度大於差異之處。正是基於這樣共同的奉獻和目的，我很高興能夠發行中文版，提供台灣的照顧工作者參考。

在閱讀這本書時，我希望 CARE 模式能印證你所做的傑出工作，並且為精進照顧服務帶來新的啟發。這些概念試圖在你與孩子的工作中，提供一個清晰的指引和有力的基礎。希望這能強化你與孩子「日常和平凡時刻」（"every day and ordinary" moments）的重要性，這些時刻引領著孩子療癒和正向的發展。做為照顧工作者，你將回答我們 CARE 在台灣安置照顧的實用問題。CARE 是否是一個能提升兒少安置照顧服務品質的實務架構？

CARE 自 2007 年成立以來，我們的國際實務社群不斷成長，在美國、加拿大、澳洲、英國、愛爾蘭和西班牙擁有超過 100 個 CARE 機構。得知台灣的機構也將加入這致力於為兒童和青少年提供高品質照顧服務的國際實務社群，著實令人感到興奮和期待。

祝你在 CARE 的旅程一切順利。

挹注國際經驗，
為本土家外照顧提供宏觀視角

財團法人基督教聖道兒少福利基金會
執行長 黃清塗

　　我從 2011 年接任聖道兒童之家院長，直至 2022 年卸任。一個兒少安置門外漢剛踏入這個領域時，對院務的發展如在五里霧中摸索，過程中邊走邊學，跌跌撞撞，不斷的反省修正。對於方向的拿捏與每次的決策，內心總帶有那麼一絲絲的不確定、一點點的忐忑，反覆思索對孩子好不好，離院後的人生會有怎樣的影響。這些年來，所聽所接觸的安置機構多半面臨同樣的處境。

　　2023 年的某個場合中，我遇到剛從加拿大返台的宜勳。我們坐下來長談，他向我介紹自己在加拿大八年第一線兒少照顧的經歷，提到加拿大的機構如何訓練和督導協助照顧孩子的老師。這些話觸動了我多年來在院務發展中遇到的痛處，一方面羨慕西方對教保老師完整的教育訓練與第一線督導，以此確保兒少照顧品質，更欽佩他們在這

方面的照顧經驗可以累積，關顧觀念與時俱進，同時很少看到學術與實務立場衝突的情境。此外，宜勳也向我介紹了一本名為《CARE》的書籍，其中的理念似乎提供了解決問題的線索。

《CARE》提供一種安置機構照顧的框架，讓機構主事者在院務發展上有清楚的方向。國內兒少安置照顧若有更多人接觸到本書闡述的理念，應該可以減少機構主事者摸索的痛楚。書籍作者瑪莎・霍登的照顧框架不僅是學術理論的探討，更多是她親身參與對這群孩子的照顧，並且進行反覆驗證、反省與修正。

因此，我嘗試了解是否有在台灣翻譯出版本書的可能性。在董事會的支持下，我們2024年度預算編列了資金。由宜勳協助聯繫作者及出版此書的美國兒童福利聯盟(Child Welfare League of America, CWLA)，並且尋求親子天下協助洽談版權。這注定是一本小眾的書，其出版對親子天下財務沒有直接幫助，對兒少安置照顧卻彌足珍貴；它的成效不會體現在財務報表上，但將使第一線照顧的工作同仁受益，讓台灣在生命初期即受到世界不當對待的孩子們，可以得到合宜的照顧。謝謝親子天下善盡社會責任，願意承接出版。

近年來，產官學或許在國內兒少安置照顧議題上有不同的立場或觀點，大家的初心都是努力構建完善的兒少

照顧網絡。由於這方面的論點相當零碎與片段，缺乏完整論述的書籍，因此聖道期待能在其中盡一份心力。透過《CARE》的翻譯出版，書中的觀點與框架在本土的社會脈絡下，可以持續對話、實踐與修正，為這個目標逐步拼湊出完整且宏觀的視角。更期待日後這類的出版品，不論是翻譯或本土經驗，能讓台灣在兒少照顧觀念或實務上更臻完善。

永遠別低估任何時刻
所可能產生的巨大力量

加拿大維多利亞大學兒童與少年照顧學院榮譽教授
詹姆斯·安格林（James Anglin）

在我坐下來閱讀這本書的初稿並撰寫這篇前言之前，我與瑪莎（和她勇敢的丈夫傑克）一起前往了古老的馬爾他島。不知何故，瑪莎和我設法在四個早晨各花約三小時，討論兒童和青少年住宿式照顧的主題。第一天我們聚焦在「兒童照顧工作者在孩子生活中的關鍵角色」，第二天聚焦在「機構和照顧系統中領導及專業支持的角色」，第三天聚焦在「因應創傷、疼痛和複雜性」，第四天則聚焦在「採取以實證為基準和學習型組織的方法」。

在這大概超過 12 小時的對談中，Mallia 神父似乎對瑪莎說過的一句話印象最深：「我們需要幫助每個孩子度過美好的一天。」她有時會將「美好的一天」換成「美妙的一天」，但她述說時的熱情和高昂興致，讓我留下了深刻印象。多麼美好的願景！對於我們與生活於替代性照顧環

境的孩子一起工作，這是多麼美好的目標。老實說，有時我們認為自己能做的就只是度過每一天，只求沒有任何災難就好了。但是每個孩子……度過美好的一天……確實是很高的標準。（順帶一提，這句話在本書章節中只提過一次；就留待每個讀者去尋找，並且體驗發現時的喜悅。）

在第一次將要讀到本書的結尾時，我感到不知所措，對瑪莎向所有照顧者或支持孩子的工作者提倡的內容大為震撼。瑪莎設定了非常高的標準，所以必須有所準備。但是毫無疑問，她這麼做是對的。我們對於自己的孩子、姪子女或孫子女，會有什麼期許呢？可能會希望他們每天都是美好的一天，即使我們或其他人無法完全幫助他們實現這個目標。

這問題促使我思考，怎樣的一天才算是「美好的一天」？它必須是舒服的，或是一整天都充滿喜悅嗎？回想自己的經驗，如果我有某個特別快樂的時刻，或者想到一個好的新點子，抑或是遇到一個讓我微笑或大笑的人，我就會覺得那是美好的一天。在處於持續的壓力情境，或是面臨身體或情感上的痛苦時，這些時刻可以「為我帶來美好的一天」。

在我看來，本書及瑪莎想要表達的核心理念是，每個時刻都很重要，每次互動都是一次正向人際交往、學習、被看見、被聽見、被重視的機會，也許還是帶來喜悅的機

會。對於我們自己或一起工作的人而言，我們永遠不知道哪些時刻會出現轉折。

我在自己的一項研究中，曾經花了 14 個月，在白天、黑夜、週末或週間拜訪了 10 個團體之家（group homes），並且聽到許多轉折時刻的故事。

其中關於一個大約 12 歲年輕男孩的故事，讓我印象特別深刻，並且印證了這些時刻的重要性（即使我們完全沒有察覺其存在）。當我向那男孩徵求許可，想訪問他關於我研究某個團體之家的生活經驗時，他問道：「所以你想要和我談談我的經驗，以便幫助其他孩子在安置照顧中有更好的經歷，對吧？」我回答：「是的，這是我對這研究的期望。」「好，我會和你談。」他說。

男孩告訴我其中一個故事：某個週六早晨，他穿著睡衣從臥室出來下樓梯，卻被廚房裡兩位工作人員爭吵的聲音嚇住。他坐在樓梯上，因為害怕而動彈不得，聽著當班的男性和女性工作人員繼續爭吵。過了一會兒，爭吵停止了，他繼續下樓進到廚房。那兩位工作人員正在做煎餅，用愉悅的語氣問候他：「早安，要來點煎餅嗎？我們今天早上有真正的楓糖漿。」接著男孩告訴我，這是他第一次碰到男人和女人爭吵時，男人竟沒有動手打女人。他說：「那時我發現，男人和女人有另一種不同的相處方式，我覺得自己也要用這種不同的方式對待女人。」我相當確

定，這兩位工作人員肯定不知道當時對男孩產生了什麼影響，但尊重彼此意見歧異的那個當下，帶給這男孩永生難忘的經歷，也可能打破了一個世代相傳的家庭暴力循環。

這故事再次教導我們，永遠別低估任何時刻可能產生的巨大力量。我們需要努力在與所有人互動時保持尊重，因為永遠不知道哪些時刻可能是影響某人的轉折點。你手中的這本書，就是攸關如何創造尊重和潛在轉折的時刻。讀到瑪莎談論照顧和創造改變條件，以及每次互動若不是互惠和關懷的時刻，就是一次被錯過的機會，你可能會像我一樣有強烈的感受。我知道，身為父母與曾經的直接照顧工作者，我錯過太多和他人一起生活和工作的機會，無法真正傾聽、理解行為背後的原因，並且以關愛做出回應。

這本了不起的小書是關於如何成為更完整、生氣勃勃的人。我認為這是極為稀有的一本書籍，讓人一讀再讀、經常查閱，即使書脊開始分離，書頁需要用橡皮筋捆在一起，卻永遠不會被丟棄。

接住逆境兒少的陪伴指南

社團法人台灣蛻變方成事協會創辦人
文國士

　　因為父母受思覺失調症所苦而無力照顧，我年幼時曾在育幼院①生活，那時經常埋怨：「你們這些大人總叫我要感恩，奇怪，住在育幼院又不是我選的，再說你們根本不知道住在這有多麻煩、多痛苦！感恩……那送你住啊！」

　　好多年之後，同樣是育幼院的場景角色易位，我擔任了四年照顧者，這才體會日常照顧不像白雪公主與七個小矮人那般浪漫愜意，照顧工作是有怨無悔的陪伴。我捫心自問無數次：「到底怎麼做才是孩子需要的？什麼是所謂的『為他好』？」

　　這兩段跟育幼院有關的經驗，讓我深深感受到，一個孩子要能好好長大需要運氣；而想照顧孩子好好長大，則需要被支持。帶著這份體會，我推動「萬8計畫：育幼院

---

① 育幼院是通俗名稱，正式名稱為「兒少安置機構」。

照顧者招募培育計畫」②，期盼集結更多願意投身育幼院工作的夥伴，並且給予他們更充分的支持。而這本書系統性且完整提供如何理解、接住育幼院兒少（或各式逆境兒少）的指南，引出一條實證為本的前行方向。

這份指南很重要，因為照顧兒少本身就難，照顧育幼院兒少更是如此。來到育幼院成長的生命，都有特別苦澀的來時路，這讓他們普遍面臨特別艱鉅的生命課題，例如性創傷、童年創傷、發展障礙、對立反抗等，而陪伴這些兒少面對生命課題的育幼院照顧者，卻面臨職場的三高挑戰：高危機、高壓力、高離職率。

這個現實解釋了一個說法：育幼院的孩子好可愛、好可憐或好可惡，而育幼院的照顧者都好有愛。這是個疼惜的說法，卻也忽視孩子需要我們先尊重他的苦難，進而引導他走一段，同時也忽視照顧者需要的情感支持與專業指引。

期待《CARE》能讓更多人理解兒少照顧工作的不易與價值，更相信本書能為各領域的兒少教育工作者帶來深刻的理解、決策的依據，以及迷茫時的安慰。

願有一天育幼院的孩子，都因為擁有更優質的照顧，蛻變成更好的自己。

---

② 在台灣，每一萬位兒少僅有 8 位生活在兒少安置機構。他們是社會上的少數，特別辛苦而堅忍的少數。

離院青年的生命冀望：
安置體系共同創造改變的條件！

社團法人中華育幼機構兒童關懷協會（CCSA）、
財團法人青少年自立發展社會福利基金會（TeenIDF）研發長
陳旺德

家父因失聰、年邁而無力負擔家庭生計，我六歲時便和姊姊、妹妹共同入住育幼院，在其中生活長達 13 年，現已離院 10 年，在一間關心全台兒少安置機構、離院自立青年各項福利與權益的非營利組織擔任研發組長。

回首過往十多年的安置生涯，實在有太多深刻經驗，至今仍會於半夜睡夢中浮現，提醒自己曾如何在育幼院掙扎生存。歇斯底里、爭吵、誤解、吼罵、難過、悲憤、壓抑、冷戰、找不到出口⋯⋯這是我過去長時間經歷的生活現實。

當然，開心、期待、興奮、成長、感恩也伴隨其中，只是負向情感往往如同海浪拍打岩岸，在生命港口鑿出深淺不一的痕跡，掩蓋營造幸福溫馨氛圍之家的本來面貌。

台灣安置照顧亟需變革

正是因為有過不少痛苦的安置經歷，激發我至今不斷回顧、反思並冀望自己所參與的台灣兒少替代性照顧體系，如何真正實踐本書原文書名《CARE: Creating Conditions for Change》，以及如何促使人們邁向如社會學家桃樂絲・史密斯（Dorothy E. Smith）所言：「啟動從下層發生改變的潛能」（change from below）。

本書的可貴價值與雋永意涵，必定扎根也反映於我們離院青年所經歷的「惡夢」，也就是過去數十年來台灣安置機構照顧生態，存在如社會學家厄文・高夫曼（Erving Goffman）所描繪的「全控機構」（total institution）的真實寫照。類似的經驗並非個人獨有，無論是我從大學到碩士班期間發展〈培力還是侷限？兒少安置機構、慣習形塑與階級效應〉研究，或者踏入職場連續兩年帶領安置兒少撰擬兒少報告團體工作坊，在研究訪談或服務工作中，均能從安置兒少、離院青年的自主表意中，體會安置機構、寄養家庭等照顧環境存在的各項照顧議題。

整合個別事件，提煉出既存的機構文化現象是：多數安置機構兒少不約而同經歷著「軍事化、團體化、去個性化（deindividuation）」的教養生活，考量自己的需求前，要先想到機構整體的利益，就此紛紛感受到一種「削權」（disempowering）的經驗，不知道自己可以擁有或不敢爭

取本身應得的福利。因為他們長期被教育，要好好珍惜善心人士捐贈的物資，較少有機會選擇拒絕或挑選適合自己的東西，很容易被訓斥「生在福中不知福」，若追求機構所沒有的資源，將被視為一種不懂事的表現。他們一方面會對不知足、不懂得感恩的自己有罪惡感，一方面卻在和他人無形比較的過程中，感受到自己在外在美學、能力表現、行為是否得體等面向有不同程度的恥感（shame）。有些人更有著與我相似的經驗，即使已經離院自立多年，仍不時對過往安置的經驗和身分，感覺彷彿是「靈魂的罪」，必須一輩子去克服和適應這些生命創傷。

如今，相關機構文化現象或許有所改善，但現在台灣安置單位所照顧的兒少中，曾經遭受身心虐待等童年逆境經驗（Adverse Childhood Experiences，簡稱 ACE）的比例增加不少，這些具有「複雜性創傷後壓力症候群」（Complex post-traumatic stress disorder）的兒少，往往身兼兩種以上的複合病症，例如輕度智能障礙合併學習障礙、情緒障礙、對立反抗傾向等，深刻考驗實務現場的人力管理與個別化照顧智慧。

攜手打造更好的兒少照顧環境

筆者認為有必要從本書提供的六大原則及五大組織層級，共同重新思辨、協商、啟動正向改變的可能。六大原

則包含：關係為本、創傷知情、發展焦點、家庭參與、能力中心、生態導向；五大組織層級包含：外部組織（尊重和開放的契約關係）、領導層級（有願景、程序及資源分配原則）、督導（提供實務指導與反思）、照顧工作（日常生活常規的教導、帶領、團隊合作）、孩子與家庭（正向與尊重的同儕、家庭及工作人員）。本書的各篇章架構與內涵就是圍繞上開主題鋪排，蘊含價值思辨與策略方法叮嚀，非常適合安置體系不同位置的夥伴共同研讀與經驗交流，並且據此產製出每個組織或區域在地化的照顧倫理原則。

筆者認為本書有諸多關鍵價值思辨，很值得替代性照顧工作者乃至於一般家庭家長共同學習。其一強調「與孩子一起工作的原則」，要求工作者必須將兒少的最佳利益放在優先位置思量，據此建立正向互動關係。如同創傷知情照護的原則──「療癒發生在關係中」，關係的分寸拿捏、倫理界線掌握，本書有諸多具體策略。筆者特別有感的是「文化謙卑」，強調工作者要向孩子及其所屬文化群體學習、保持高度好奇與敏感度，並且能進行自我和集體反思，文字閱讀搭配實務想像，任誰都能感受到這是一項高成本、高耗能的工程。

因此，本書的第二項重點就是期待安置體系內外所有組織成員協同一致，為提供兒少更好的照顧環境而各司其

職、充分合作，每個人都是不可或缺的關鍵成員，想要落實 CARE 計畫，安置單位內部勢必將多有磨合，並非一蹴可幾。

第三項重點則是如何貫徹以實證為本的服務模式。書中提及不少正向成效：有 11 間機構實施計畫後，孩子對工作人員的攻擊頻率、財產破壞、逃跑行為，每月減少 4 ～ 8%；有 2 間機構實施計畫 6 年後，減少 50% 以上的身體拘束；有 1 間機構實施 8 年計畫中，使用精神藥物頻率有所減少。筆者認為本書提供的方法具備成效檢驗，相當值得台灣安置體系評估引進，並且據此建置更多培訓資源網絡，促進理論知識與實務智慧相輔相成，兼容並蓄。

由於筆者個人刻正與非營利組織推動台灣一般青少年的自立教育，引用了美國正向發展理論學群長年實證研究建構的「發展性系統理論」（Developmental System Theory，簡稱 DST），其結合正向心理學、復原力、優勢觀點、腦科學等論述，提出了個體與環境雙向互動的重要性，以及驗證一種適性發展的規則，也就是挖掘個體的優勢與布建適合當事者的生態資產，進而據此發展五大正向素養：能力、自信、關懷、品格、連結，一方面能降低青少年風險行為的產生，二方面可促進青少年自我實現，並且對家庭、社區及整體社會做出貢獻。

此論述架構強調個體與環境系統的發展關聯，而且指

出發展具備時間性（temporality）、可塑性（plasticity）及多樣性，筆者認為這些與本書提及的六大原則有諸多可相互參照、綜融運用之處，但是也亟待未來有台灣學者、實務工作者付出努力，陸續將相關實證為本的助人照顧模式落地生根。

　　筆者身為離院青年、實務工作者、研究者，將不遺餘力貢獻己能，也邀請各界志同道合的夥伴加入。讓我們先閱讀本書，運用專業知識及實務智慧，攜手為台灣兒少替代性照顧體系開展一場又一場美好、有遠見、有成效的療癒工程。

跨越愛心與直覺，看見專業照顧的價值

—— 陳綢兒少家園主任、台灣全國兒少安置機構聯盟理事長　徐瑜

在兒少安置機構中，我們到底應該提供怎樣的照顧？如何真切有效的實踐？即使我已經投身兒少工作多年，也時常反思這個問題。

在台灣，照顧常被視為一種本能與直覺行為，甚至照顧的「價值與重要性」，也常因經濟效益、成效導向的評估被輕賤看待，這種觀念正是忽略了照顧的專業素養和核心理念。許多工作者無力整理實務智慧、缺乏照顧自信，甚至是在社會文化的期待下，僅能以愛心跨過專業照顧知識的缺口，而《CARE》一書正是為了填補這鴻溝。

本書提出了許多一線照顧工作者「雖已實踐，但未能明確表述」的專業照顧概念。透過系統介紹「發展焦點、家庭參與、關係基礎、能力中心、創傷知情、生態導向」等核心原則，不僅為照顧者提供經驗實踐的支持，也證明這些方法正確且有效。

對於實務工作者而言，《CARE》不僅是理論的彙編，更是可以實際操作的指引。它提供一個讓照顧者兼具科學與人文的理解、實踐照顧工作的架構，並且進一步鼓勵照顧者從日常經驗中抽絲剝繭，找到與國際標準接軌的機會，進而增強專業自信與能耐，讓照顧者的價值得以被明確表述。

《CARE》是良好的導航者，能讓照顧者與孩子更安心、更有方向，在照顧與成長的旅途上攜手同行。

透過系統性學習，體會照顧服務的核心

—— 臺灣大學社會工作學系教授 陳毓文

照顧安置兒少一直都是一項極具挑戰性的任務。儘管學校教授的專業知識在實際應用中似乎有些不切實際，但這本實務指南巧妙結合不同機構的實務經驗，清晰而有系統的呈現了 CARE 照顧模式，使所謂的「理論」變得更貼近生活、更易於理解。我們需要透過系統性的學習，才能暫時停下腳步與孩子一同生活，並且深刻體會到尊重和關愛孩子的重要性，這才是照顧服務的核心。

本書提供了如何與孩子共同生活、傾聽他們的心聲，以及回應他們需求的策略，這些策略不僅對安置體系或機構的工作人員有所助益，對所有與兒少一同生活的成年人也同樣重要，希望所有關心這議題的人，都能透過本書獲得一些寶貴的啟示。

不迴避系統合作的困難，讓每個孩子度過美好的一天！

—— 《Right Plus 多多益善》創辦人暨總編輯 葉靜倫

每個大人都當過孩子，但很少大人得跟一群小孩一起長大，其中大部分還帶著傷痕。團體照顧在許多時候本就如履薄冰，但這本書從頭到尾幾乎沒出現過「愛」或「兒童人權」這些字眼，只用務實的方法、好親近的理論、觸動人心的價值觀和思維，說清楚什麼是愛的體現，什麼是孩子的權利，什麼是關係的界線和方法。

有所依附的孩子更能獨立，有歸屬的孩子更能發展自我，但依附和歸屬都不是單一照顧者就能做到。CARE 強調了集體照顧中「多方參與」的必要性和管理層的責任，指引照顧機構如何讓每位工作者有足夠的安全感，能去做

正確的事。

　　它也不再允許大人迴避系統合作的困難，從委託照顧的政府、立法者、社區夥伴到機構，以及照顧者和家庭，都有責任營造出正向的生態體系，「讓每個孩子度過美好的一天」。

　　這不但讓我們定位出什麼是好的對待，也讓每位大人更加認識自己。對台灣數千名受安置的孩子，以及他們身邊堅韌纏鬥中的大人來說，這都將是一本影響彼此生命的珍貴指引。

建立基礎

01　建立服務架構，創造改變的條件

世界不是一個人、一個人的改變……而是當人們發現彼此對「什麼是有可能的」有相同願景時，因而形成關係網絡並帶來改變。

—— 瑪格麗特・惠特利＆黛博拉・弗里茲
（Margaret Wheatley & Deborah Frieze）

　　孩子成長的環境至關重要。其中更為關鍵的是，他們在成長過程中所獲得照顧品質和經歷的樣態。多數孩子都有在不同環境中成長的經歷，並且為了成年而做準備，例如原生家庭、親屬間組成的大家庭、社區、學校和社區活動方案等。對某些孩子來說，他們童年和青少年時期的成長經歷，可能是特殊學校、寄養照顧、團體家庭（group homes）、機構照顧、機構治療（residential treatment）、保護管束，甚至是少年司法機構。無論身在何處，所有

孩子都需要有關心的大人，滿足他們的基本需求，並且提供發展健康生活技能的機會。有些孩子會因為成長環境和個人因素而「需要更多」，為幫助養育這些「需要更多」孩子而投身照顧團隊的大人，通常需要在極具壓力的情境下，做出許多複雜、棘手的決定。這些關心孩子的大人需要良好的溝通系統、與同事合作的機會、來自組織的支持與足夠的資源、應用必要的知識和技巧，才能幫助這些孩子成長茁壯。

三個核心概念

療癒（therapeutic）照顧有三個核心概念①：一、孩子的最佳利益②；二、組織內部的協同一致（congruence）③；三、一個明確、貫徹、以實證為基礎的服務模式④。在兒少照顧組織的每位工作者，都需要遵循一個共同的實務架構，不僅對孩子如何成長和發展有確實的理論依據，還能適切關照孩子的個別需求。

孩子的最佳利益。每個養育孩子的大人都想要相信，他們的作為是為了符合孩子的最佳利益，但情況並不總是如此。很多時候，大人做出的決定並不能增進個別孩子的成長與發展。即使出自於最良善的意圖，大人仍可能會發現，自己的作為反倒妨礙了孩子的療癒和發展。

「孩子的最佳利益」是廣受兒童福利服務領域認可的

基礎。兒童照顧的組織要能實踐這個概念，需要一個以有效研究為基底、組織全員都清楚了解及認同的服務模式。擁有這樣的共識，大人們才能思量如何在符合孩子最佳利益的原則上，滿足個別孩子的特定需求。

組織內部的協同一致。一個具有服務協同一致性的組織，將致力於為所服務的孩子和家庭，提供一致與穩定的經驗。

當所有人一致堅守組織的宗旨和目標，並且在日常互動中遵循以實證為本的原則時，不僅為正向的服務結果奠定基礎，也形塑了積極正向的組織文化。想要實踐「孩子的最佳利益」的協同一致，需要關注工作人員、照顧者、孩子、家庭及社區合作夥伴之間的氛圍和互動動態[5]。

明確、貫徹、以實證為基礎的服務模式。如《其他的 23 小時》（*The Other 23 Hours*）共同作者阿爾伯特·特里施曼（Al Trieschman）所言，組織需要一個「凝聚元素」，提供在其中工作的所有人共同的願景、語言和取向，協助他們在進行複雜決策、應對挑戰情境時有所依歸[6]。所有服務模式都奠基於一組原則信念，用以指引政策、程序與實踐，也包括與家庭及孩子的互動和介入[7]。

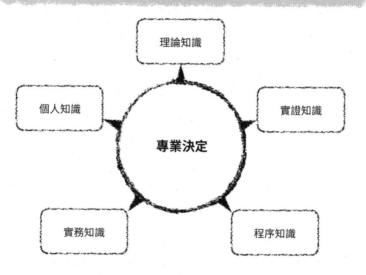

圖1｜服務模式

（圖中文字）
理論知識
個人知識
實證知識
專業決定
實務知識
程序知識

　　由於有早期逆境和創傷經驗的兒童與青少年面臨許多挑戰，所以需要在特意設計的生活與學習環境中，請受過專業訓練的工作者來扮演照顧者、老師、前輩（mentor）和教練[8]。專業工作者在這些場域做決策存在複雜性，必須應用理論、實證、程序、實務和個人知識，才知道要採何種取向和介入策略，回應不同的孩子、家庭和情境[9]。與此同時，實務工作者在取得應用理論和實證知識上也面臨許多障礙，例如接受不相關、過時的教育或培訓，抑或是在實務工作中找不到應用理論和研究的機會[10]。

最佳利益與協同一致性

　　若能嚴謹貫徹執行以實證為基礎的服務模式，將有助於消弭「具實證成效的工作方法」與「照顧者的實際工作」之間的隔閡。當組織成功採行以實證為基礎的服務模式時，其中所有人都能理解該模式的核心原則和所需能力，並且透過訓練、持續督導及反思實務工作（reflective practice）來深化這些概念[11]。就日常運作而言，這代表組織營造出一個環境，讓照顧工作者能持續接受專業的支持和指引。為了實踐服務模式的成效，組織各層級的工作人員都需要遵循這服務模式的原則。

　　一個涉及組織內部全面的服務模式，是為面臨多重困境——尤其是生活在安置住宿與集體照顧環境——的兒童和青少年提供療癒照顧的基石[12]。若這服務模式建構在包含變革理論（a theory of change）的適切理論架構上，則效果最佳。

02　CARE 變革理論

沒有什麼能比一個好理論更實際。

　　　　　　　　　　　——科特・勒溫（Kurt Lewin）

　　以實證為基礎的服務模式具備周全的變革理論。變革理論能闡明服務模式如何產生有效成果的觀念（理論），辨明服務模式帶來積極成果的關鍵過程①。變革理論有助於解釋和引領介入處遇，並且提供成果評估的基礎，以及達成目標的執行程序②。就本質而言，變革理論有助於描述「特定的介入處遇如何達成預設的期望成果」。組織藉由採取理論／證據為基礎、關照個別與發展適性的服務模式，能幫助孩子建立社會和自我調節能力。這種服務模式要求照顧者在全天候的照顧中，提供兒童和青少年豐富、療癒的經驗③，進而塑造讓孩子感到「正常」（sense of normality）的生活環境④。

CARE 變革理論

CARE 是以六項原則為基礎（見下一頁的表 1），並且包含三個重要組織程序（反思督導和實務、以資訊數據為基準的決策、參與式管理策略）的組織系統，並且含括了培訓和技術協助的執行流程。

CARE 變革理論（Theory of Change）指出一條能幫助孩子增進社交、情緒和發展成長的途徑（見第 42 ～ 43 頁的圖 2）。為了推動和持續執行 CARE，組織需要有意識且全面落實這些原則和執行流程。圖 2 摘述了 CARE 變革理論，其中包括讓孩子有更好發展的成長途徑。

CARE 變革理論明確定義組織各層級的角色、任務、預設工作，針對滋養（nurturing）、安全和可預測環境中的日常互動、生活作息、活動和支持介入，都採取一致取向。想要更深理解變革理論及其流程、途徑，先聚焦所期盼的兒少安置照顧結果甚有助益。大人們對所有孩子的期盼都一樣：能發展所需的技巧、知識、動機，邁向滿意和成功的生活。我們希望孩子在安置照顧期間，能夠達到改善自我概念和效能感、良好社交與情緒調適、情緒調節技巧等目標。

表 1｜CARE 原則

CARE 原則	意涵
關係為本	滋養的照顧經驗、基本的依附關係，以及發展型關係，是孩子成長、發展和茁壯所需。
創傷知情	所有活動、日常作息、期待和互動，皆需考量壓力和創傷經驗對孩子發展的影響。
發展焦點	為孩子提供正常發展經驗（normative developmental experiences）的機會，並且依個別孩子獨特需求調整期待。
家庭參與	透過與家庭共同發展計畫和設計活動，提倡家庭和文化的連結。
能力中心	有目標的為孩子創造機會，練習解決問題、調適和其他生活技巧。
生態導向	營造物理和社會空間，支持孩子成功置身於人際關係、活動、日常生活作息。

圖 2 | CARE

介入	領導管理群成果	照顧者成果
	管理和領導工作	**工作者／大人的知識、信念、動機**
	管理和領導工作	
	與機構溝通願景，轉為 CARE 模式	理解實務原則
	推動自我評估、反思和組織學習	熟悉長處和技巧
	—資訊應用和持續品質精進	
介入	—重設招募、聘用、職務說明和資格，反映 CARE 原則	
人員培訓	評估任何執行 CARE 模式的障礙；	
組織技術協助	以孩子的最佳利益為前提，創造溝通、問題和衝突解決的合作結構和程序	
接觸概念和原則	透過反思督導、教練和指導實踐 CARE 原則	
	建立員工認可、支持和當責的機制	信心、意願、動機
	透過組織性的自我評估，以及與模式發展者和實務社群合作，確保延續性	實踐原則和策略

CARE 模式執行的顧問

觀察與問卷結果的回饋

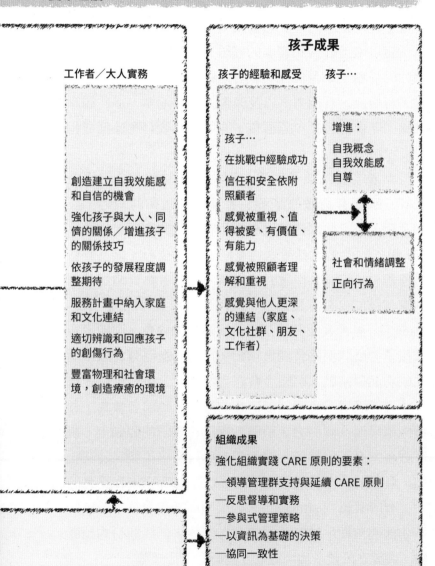

孩子成果

工作者／大人實務　　孩子的經驗和感受　　孩子…

創造建立自我效能感
和自信的機會

強化孩子與大人、同
儕的關係／增進孩子
的關係技巧

依孩子的發展程度調
整期待

服務計畫中納入家庭
和文化連結

適切辨識和回應孩子
的創傷行為

豐富物理和社會環
境，創造療癒的環境

孩子…

在挑戰中經驗成功

信任和安全依附
照顧者

感覺被重視、值
得被愛、有價值、
有能力

感覺被照顧者理
解和重視

感覺與他人更深
的連結（家庭、
文化社群、朋友、
工作者）

增進：

自我概念
自我效能感
自尊

社會和情緒調整

正向行為

組織成果

強化組織實踐 CARE 原則的要素：

—領導管理群支持與延續 CARE 原則

—反思督導和實務

—參與式管理策略

—以資訊為基礎的決策

—協同一致性

為了達成正向的兒少照顧成果，關鍵是照顧者能否提供孩子足以增進社會和發展的經驗，例如能成功因應具有挑戰性的任務；學習信任、依附照顧自己的大人；感受到被愛、有價值、有能力，以及與他人有所連結。這些觀念和經驗並非偶然發生，照顧孩子的大人必須有意識創造相關的情境條件。

　　照顧者若要為孩子創造正確的經驗和觀念，則需要對 CARE 原則有透澈的了解，並且擁有足夠的信心、技巧和意願，將這些原則和策略應用在日常的照顧工作中。CARE 模式的能力包括覺察自身的優勢、技巧，以及影響孩子療癒（healing）和發展的力量。照顧者會實踐這些原則的實務技能，有意識為孩子開創建立自我效能感（self-efficacy）、與大人及其他孩子發展關係的機會。照顧者會根據孩子發展狀況適性調整活動與期待，進而有意識幫助他們成功面對挑戰。照顧者會在方案設計上更具創傷敏感度，並且能適切回應因創傷而起的行為。照顧者會為了營造療癒環境而一同努力。照顧者應該在孩子的照顧上，將其家庭視為真正的夥伴，讓他們參與日常決策並保持文化連結。最重要的是，照顧者能對「孩子面臨介入和互動的感知」有所共感（attuned）。如果照顧者發覺孩子的感知並不如他們預期，就應該調整自身作為去創造期盼的照顧經驗。關鍵在於孩子與照顧者互動時的主觀經驗。

照顧者能否在實務中提供孩子有益於成長和茁壯的經驗，督導和領導管理群的角色極其重要。他們提供願景、政策、程序、培訓、教練和反思督導來支持照顧工作者，從而打造一個「支持性組織」（holding organization），這組織具有人際和群體關係，讓其中人員能自主應對可能觸發嚴重焦慮的情況[5]。由於照顧工作的複雜性，加上試圖減緩孩子因創傷導致的情緒痛苦，都會帶來高強度焦慮。領導管理群、督導和照顧工作者一同「堅韌纏鬥」（struggle well），將形塑具韌性的組織，托起工作人員和孩子[6]。

當領導管理群、督導、照顧工作者清楚理解 CARE 模式的變革理論時，就更可能長期延續這個模式[7]，而這一切都有賴於 CARE 的課程訓練，以及持續教練、示範和技術協助。若組織成功執行 CARE，領導管理群建立起高度支持和當責的文化，這代表了三個涵義：一、領導管理群提供必要的基礎支持和準則，使督導透過學習和實作 CARE 的概念和策略，發展出足夠的能力，可以指導、教練和協助工作人員成長；二、督導能夠提供照顧工作者支持和反思督導；三、照顧工作者理解 CARE 原則，並且能在日常實踐中應用出來。

組織的自我評估、反思實務，以及持續品質精進（continuous quality improvement），都有助於構建學習型組織，打造具有合作意識和自我反思的文化。尤其是需要

在個人和組織需求、政府規範等涉及平衡與競爭的困難情境下，一個立足於共同目標、運作良好的團隊／組織，將努力尋求與孩子最佳利益一致的決定。

03 療癒照顧的目的

最重要的不是你在哪裡生活，而是你怎麼生活。
—— 接受安置照顧的孩子（Brown & Seita, 2009）

　　療癒的照顧為孩子提供了一個安全環境，可以從中經驗關懷的關係和學習新技巧。這種照顧藉由提供個別化發展經驗，以及協助孩子「趕上」那些落後遲滯的發展，進而豐富了孩子天生的發展過程[1]。療癒照顧可以透過提供設計良好的發展環境，為孩子創造發展核心能力的機會[2]，例如自我效能感、自主、人際技巧、情緒調節和同理心。這需要積極的支持、精心設計的機會，讓孩子練習和學習心理社會技巧，並且與充滿關懷、知情、真誠、投入的大人進行有意義的互動[3]。這更需要為孩子塑造一個不懼怕失敗的環境，不會因為犯錯而擔心受罰。

安全的照顧環境

在現實世界中，無論孩子的能力技巧如何，往往會因為無法控制自己的情緒和行為而受罰。他們也無法透過與同儕競爭，成功獲得認可和支持。療癒照顧形塑的環境容許孩子失敗，並且提供他們支持、鼓勵及再次嘗試的機會，而不是因此受罰或損失（例如失去點數、特別待遇或個人物品）。安全的照顧空間讓孩子擁有一些喘息的空間，能暫時擺脫在家庭、學校和社區經歷的壓力與巨大的挑戰。當大人們將自己視為老師、教練和前輩的角色，聚焦於幫助孩子發展、練習必要的生活技巧（例如情緒調節、人際互動技巧、關係技巧、做決定和解決問題能力）時，孩子就能成長、發展和茁壯。

要創造這樣的安全環境，孩子與照顧者必須要有一致和協同的經驗。為了促成這種經驗，組織必須建構能撐起安全避風港（a safe haven）所需的文化、氛圍和核心哲學。安全避風港能減輕壓力與負擔，同時提升參與互動及持續參與的意願（即使面對困難），讓孩子與照顧者都能抓住機會學習。孩子、家庭和工作人員需要感到被關懷、被照顧，並且也需要適時接受挑戰來促進成長、發展和茁壯④。提供照顧的大人同樣需要安全的環境。CARE 組織為照顧者創造了一種環境，使其能突破安全和熟悉的範疇，深知自己的同事會在背後挺身支持。在這樣「充滿支持的

環境」（holding environment）中，照顧者可以放心嘗試新事物，並且相信失敗不會惹禍或遭受嘲諷，而是會獲得反思和新的洞見，進而有助於應對未來的挑戰[5]。

創造改變的條件

在孩子能夠充分受益於個別的治療處遇之前，他們必須處在穩定、溫暖、滋養的環境。若孩子感到安全，與大人建立起信任關係，並且能從活動和作息常規中經驗到成功，將會更有精力、注意力、意願參與教育和／或治療處遇。當孩子感受到被照顧，並且認為大人有能力幫助自己的時候，他們將更有可能參與治療和學習。

始於你所相信的

04 CARE 六大原則

愛麗絲來到了交叉路口。「我應該走哪條路?」她問道。
「你想去哪裡?」妙妙貓反問。
「我不知道。」愛麗絲回答。
「那麼,」妙妙貓說,「走哪條路都不重要。」
——路易斯·卡洛爾(Lewis Carroll),《愛麗絲夢遊仙境》

　　「當……時,我該怎麼辦?」當大人需要回應具有複雜情緒和行為需求的孩子時,這是不時會浮現的日常問題,而且並沒有簡單的答案。複雜需求的孩子面對極大的挑戰,需要以個別化且適合其發展階段的處遇介入。一個清晰明確的實務架構,能為照顧者奠定做決定和選擇介入方式的基礎。在兒童和青少年工作中,具有條理一致方法取向的組織,更能指引照顧工作者的決定和互動。CARE模式的變革理論指引著組織各個層級之間的程序和互動,

以達成正向的照顧結果。這理論提出一組引領這些過程架構的原則，也是照顧工作者與孩子及其家庭互動時的指南，更指引了組織成員的互動。當所有組織成員都能在人際互動中應用這些原則時，孩子將感受到大人的關懷、尊重、掛念自己的福祉，並且致力於幫助孩子成長、發展和茁壯。倘若組織工作人員和照顧者的作為沒有協同一致性，照顧關懷的影響力便會因為這些不一致和矛盾而大幅減少。這並不代表每個人都必須在同樣的時間，以同樣的方式做著同樣的事。重要的是，每個人在照顧孩子時，都要由衷遵循相同的原則。

CARE 的基本原則

CARE 模式在方案設計和實務方面，主要奠基於以下幾個原則。

關係為本。孩子需要滋養的照顧經驗、基本的依附關係，以及發展型的關係來成長茁壯。透過與孩子建立關係，照顧者得以幫助他們學習去信任、感受安全、發展關係、利用機會學習，以及得到克服困難、解決問題所需的幫助[1]。與他人建立關係及正向依附關係是很重要的個人能力，也是健康發展及在生活中成功的體現[2]。建立關係增加了照顧者對孩子的影響力，也能提升幫助孩子學習人際互動技巧的效果[3]。當照顧者面臨棘手的狀況時，例如孩子拒

學或拒絕完成一項任務，如果他們與照顧者關係不錯，通常會有較高的合作意願。

　　根據 CARE 在多個組織的研究，工作人員執行 CARE 模式後，在照顧理念和實務上有所改善，例如具有更高的敏感度和彈性[4]。該研究中的受測孩童也指出，在執行 CARE 模式後，他們與照顧者有更好的關係品質[5]。這些機構同時也有較少的攻擊事件、財物破壞和逃跑行為[6]。這趨勢可能部分歸因於孩子和照顧者關係的改善，以及照顧者比較不會以權力競奪（power struggle）、敵對或疏遠等方式來回應孩子的挑戰行為[7]。

圖 3｜ CARE 六大原則

關係為本　　　生態導向

家庭參與　　　創傷知情

Care

能力中心　　　發展焦點

　　正如 CARE 變革理論所述（見第 42 ～ 43 頁的圖 2），照顧者與孩子互動及建立關係，是達成正向照顧結果

的關鍵。照顧者與孩子以關懷、滋養為本的關係，深切促成孩子行為和情緒功能的提升，並且減緩因安置經驗導致的非預期負面效應[8]。正向照顧者與孩子的關係，是吸引孩子參與其他教育、治療處遇，以及改善生活的重要因素[9]。

CARE 模式的設計旨在創造一個環境，讓具有情緒管理能力的大人能滿足孩子的需求，並且透過關懷和發展型關係，使孩子得以療癒和成長。發展型關係包括依附、互惠、漸進複雜（progressive complexity）、權力平衡。這四個要素讓照顧者能建立目的明確且真誠的關係，幫助孩子成長、發展、茁壯。

大人的日常互動能提供孩子多樣的人際學習經驗，增進他們發展成長的能力[10]。這些經驗最終也可能形塑孩子對大人的普遍信念和期待，亦即對照顧者與孩子關係有更正向的看法，進而在未來更能接受支持關係[11]。在安置照顧環境中的關係和依附，對孩子發展能力，以及在人生中建立有意義的關係至關重要[12]。

創傷知情。許多接受安置照顧的孩子曾經歷過暴力、虐待和疏忽[13]。被帶離家庭、社區和文化，也對孩子及其家庭有深遠的影響。孩子因這些損失所受的傷害可能深化跨世代的創傷（intergenerational trauma）、切斷孩子的文化連結、侵蝕文化和社區的根基[14]。此外，這些孩子通常在寄養家庭和團體照顧都有過失敗經驗[15]，還被諸多危險因子阻

礙了健康成長[16]。因此，這些孩子往往經歷嚴重的干擾和不穩定，也有較大的情緒和行為困擾[17]。

創傷和毒性壓力（toxic stress）的經驗會影響孩子的思考、感受、行為，以及生理系統調節。童年的創傷經驗會改變大腦功能和情緒調節的方式。當孩子與安全、呵護、可預期的照顧者生活在一起，並且在發展型關係和經驗中得以成長與發展時，他們的大腦可以更精準辨別可能的威脅，更有能力自我安撫和管理情緒。

組織如果希望孩子能感受到安全，並且學會以新的方式回應壓力情境，就必須維繫一種非暴力和安全的文化。大人必須改變對孩子的看法，從「你有什麼問題？」轉為「你發生什麼事？」[18]。一旦照顧者理解孩子過去的經歷，並且更多認知到暴力、濫用權力、控制對孩子發展的影響，將會聚焦在提供有秩序（order）和能夠學習的經驗，而不是強制順服和控制。孩子必須感到安全才能放鬆、參與活動，並且從中獲益。如果孩子體認到其環境中的大人值得信任，能秉持公平的期待和規則，他們更有可能感到安全[19]。創傷知情的照顧環境促進活動、日常作息、期待和互動等，並且考量到巨大壓力和創傷對孩子發展的影響。

CARE 模式協助組織營造出具創傷敏感度的環境，讓孩子與大人處於安全（are safe）且感到安全（feel safe），而且所有人（包含領導管理群和照顧工作者）都能理解創

傷和逆境經驗對孩子的影響。CARE 組織憑藉其政策、程序、實作來支持及促成創傷知情的照顧，為孩子和照顧者提供生理和情感安全的環境。

家庭參與。每個安置照顧孩子的家庭，都是他們生命中不能割捨的一部分，無論如何這都是孩子最初、最長久的關係。由於孩子的血緣、種族和文化身分與他們的家庭有關；因此，負責任的 CARE 組織會維繫並強化孩子與家庭的關係，以及孩子的文化認同和社區連結。即使在孩子不能與自己家庭有直接接觸的情況下，照顧工作者都必須支持孩子與家庭的連結。舉例來說，在孩子提到家庭的時候，照顧工作者可以陪他們好好聊一聊或同理他們的失落，藉以支持如此重要的連結。

孩子需要與關懷和滋養的大人建立永久的聯繫。讓父母或其他關心孩子的大人參與照顧和處遇，以及規劃足夠的支持讓孩子能回歸社區，這是「成功處遇」（successful treatment）的兩項指標[20]。照顧工作者可透過協助孩子寫信回家、安排與手足的聯絡、規劃成功的家庭時間等方式，援護孩子與家庭的關係。以家庭為中心的安置照顧，帶來了最正向的照顧成果[21]。

每個孩子都有家庭。在可能的情況下，照顧工作者應該在服務規劃與執行的過程中徵求家庭的意見，並且幫他們持續參與孩子的日常活動（例如購物、預約接送、學校

會議、用餐、慶祝活動、休閒育樂等），讓家庭能繼續維持教養角色。在計劃活動、設計活動和處遇介入時，家庭能提供重要的文化脈絡[22]。這種邁向回應和納入家庭的方向，需要以尊重、信任、具文化敏感度為基礎，建立一種真誠而開放的關係。家庭會需要時間、支持和資訊，以便在為孩子做決定時發揮有意義的作用。這需要照顧者、工作人員、組織和家庭間組成真正的夥伴關係[23]。

發展焦點。針對孩子在高風險環境中的復原力（resiliency，聚焦於歷經逆境或創傷依然成功的能力）與長期發展研究指出，「復原力是每個孩子都具備，能夠健康發展和成功學習的能力。」[24]所有孩子對成長和發展都具有相同的基本要求，但進展則會因為生命經驗而有所不同。安置照顧的孩子需要支持和機會，幫助他們發揮與生俱來的成長、發展和茁壯能力。

雖然所有孩子都需要相同的基本經驗和機會來長大成人，但安置照顧的孩子可能需要更多支持和療癒經驗，以此克服阻礙他們發展的生命經驗。從這角度來看，照顧者可以將孩子不尋常的行為或神經發展的變異，放在發展進程（developmental progression）的脈絡下思考，而非直接以「異常或叛逆行為」作結[25]。成長發展是隨著不同事件脈絡逐步漸進[26]。如果孩子缺乏做決定的技巧，照顧者的示範、提供做決定的機會、珍視其決定的態度至關重要。透

過協助滿足孩子那些基本的社會和發展需求，例如依附、精熟（mastery）、目標和自主，照顧者就為孩子創造了發展自我調節技巧、滿足社會情緒福祉的條件[27]。

近端發展區

在此發展區間，孩子很難單獨完成某些特定任務，但在協助下便能達成。

改變的策略若能符合孩子現在的程度，將更為有效。若照顧者能挑戰孩子嘗試新事物，又不至於令其感受到窒息的壓力，便能有最佳的學習。李夫・維高斯基（Lev Vygotsky）稱此狀態為「近端發展區間」（zone of proximal development）[28]。在這個發展區間裡，孩子很難獨自完成某些特定任務，但在協助下便能達成。透過以下幾點：(1)針對不足的領域教導新技巧；(2)為孩子製造能在大人協助下練習新技巧的機會；(3)調整環境讓孩子能成功。大人可以為孩子創造學習機會，讓他們能在重要領域發展能力。

照顧者可以透過在生活常規事務中滿足孩子的發展需求，幫助他們在應對生活挑戰方面有所進步。透過結構性的活動和互動，照顧者能創造與提供這樣的發展經驗，進而對孩子的發展產生漸進和日積月累的正向影響。

能力中心。能力（competence）包括每個人有效應對日常生活所需的技巧、知識和態度。孩子生命中關懷且能幹的大人可幫助他們培養出能力[29]。照顧工作者應該將其主要角色放在協助孩子更有能力掌管環境，並且激勵他們因應挑戰和熟稔新技能[30]。在這個努力培養社會能力和其他生活技巧的過程中，如同 CARE 變革理論所述，照顧工作者的所作所為變得具有目的性（purposeful)。

照顧工作者應該專注於培養能力和技巧的過程，幫助孩子能夠發展應對生活挑戰的技巧和洞見——手段和結果同樣重要。例如共享房間的兩個孩子為了空間而爭執，幫助孩子解決人際衝突並解決歧異，其重要性與阻止爭執相同。解決人際衝突是相當重要的生活技巧。學習解決問題、管理情緒、學著有彈性、批判性思考、洞察，這些都是孩子用以克服逆境、處理事務的必要技巧[31]。稱職的照顧者可以幫助孩子實現個人目標，並且提高他們學習新技巧的動機。

在發展型關係的脈絡下，照顧者能幫助孩子在生活常規事務和活動中培養技巧，並且在他們面臨困境時提供協助[32]。具有目的性的例行事務和活動滿足孩子的需求，依照他們的能力和興趣而設計，協助發展生活技能、正向的社會行為和學習興趣。每天從早到晚的大小事物，都建構了孩子的安置照顧經驗。所有孩子都受到這些經驗極深切的

影響。透過細心拿捏孩子的長處和需求，照顧者能利用日常生活情境來協助孩子發展人際關係和自我調節的能力，並且提高學業成就。

生態導向。兒童和青少年的成長和發展，受益於與所處的環境不斷動態交流㉝。大人若表達對孩子自身優勢和能力的信任，他們會變得有動機去學習，也激發出天生成長和發展的動力㉞。關愛的照顧者愈能為孩子創造機會，使其得以投身於漸進複雜的活動，孩子就愈有動力投入學習。

關懷和支持的環境，為孩子提供如何關心自己與他人的典範㉟。在照顧的基本假設中，環境提供的支持應符合孩子的需求和不斷變化的能力，進而讓孩子的成長和發展最大化。當孩子沒有進步的時候，透過審視其環境來尋找答案，這點與觀察孩子本身同樣重要。比起要求孩子做超乎能力範圍的改變，改變方法、環境或活動更加容易且有效。舉例來說，如果孩子無法在常規作息的 45 分鐘內起床並準備好上學，可以提早 15 分鐘叫他起床。

無論孩子生活在怎樣的環境，最重要的因素是整體的氣氛，其中包含物理、社會、文化、情感和意識型態等要素㊱。如果審慎建構這些要素，就能鼓勵、促進孩子和其他孩子、大人或單獨參與各種活動。照顧者若能鼓勵及激勵孩子投身於愈來愈複雜的活動和人際關係，就是為孩子搭起尋求成長和發展機會的舞台㊲。

一起工作

　　擁有明確照顧哲學的組織能奠定根基，讓所有人團結一致追求安置兒少的最佳利益。CARE 模式基於關係為本、家庭參與、發展焦點、能力中心、創傷知情、生態導向等六個原則，不僅涵蓋了孩子生理和情感需求，同時也試圖教導孩子與環境互動最實用的技巧。即使每種情況下的每個孩子都不一樣，CARE 原則卻能指引每個人做出符合孩子最佳利益的抉擇。一個協同一致的發展環境，提供建立發展型關係與集體發展經驗的可能性。透過每個人共同應用一致的工作取向，大人們能日積月累重塑孩子的經驗，進而讓孩子日後離開照顧時能做好準備，有能力面對生命中的日常挑戰。

05 領導與協同一致性

服務組織最核心的挑戰是：在追求孩子最佳利益時達成協同一致性。

——詹姆斯・安格林（James Anglin）

　　推動良好照顧工作的核心架構或概念是「為孩子最佳利益而努力達成協同一致性（struggle for congruence）[1]」。這樣追求協同一致的努力涵蓋三個重要特性：(1)目的、價值、原則和行動的一致性；(2)組織內部人員互動所展現的互益（reciprocity）；(3)照顧系統的凝聚和一體性。在目的一致的情況下，一個運作良好的團隊／組織面臨艱困決策時，會努力在相互競逐的個人、組織和政府要求間尋求平衡，協同一致追求兒童最佳利益的實踐。

協同一致性是

- 目的、價值、原則和行動的一致性。
- 組織內部人員互動所展現的互益。
- 照顧系統的凝聚和一體性。

　　需要額外支持的孩子和家庭通常有許多人協助，往往涉及由不同任務、角色和權責的人員組成層層堆疊的系統。這個牽涉不同層級的系統包含外部組織（如安置系統、執照許可、財源、合約）、領導管理群（如行政、預算、人事管理、品質管理）、督導（照顧工作者的發展和支持、團隊發展、臨床服務管理、方案監督）、照顧工作、教導、團隊工作（例如為孩子和家庭提供個別和團體照顧、教導、連結其他利害關係人），以及孩子和家庭（日常生活、溝通、人際關係、計畫）[2]。正如之前所述，為了讓組織（或系統）能協同一致追求兒童最佳利益的實踐，他們必須要有一個變革理論和實證支持的取向，以及提供照顧。

　　當組織確定、闡述照顧取向的要素，或是本書的CARE 模式，並且將其付諸實踐時，從組織較高的領導管理群到孩子和家庭層級會產生連鎖效應[3]。隨著與外部組織的合作和協同，最終這將在整個照顧系統中形成一個連續體，使所有涉入孩子療癒過程的人都採取相同的取向[4]。

不同層級的運作

表 2 | 組織層級

層級	CARE 原則的實踐
外部組織	尊重和開放的契約關係，並且清楚認知 CARE 模式是組織提供照顧服務的準則。
領導管理群	願景、政策、程序、決策、資源分配立基於 CARE 原則，並且顯見於整個組織文化。
督導	CARE 原則的實踐深化於教練、指導、反思的實務和督導、員工培訓、設定實際的期待。
照顧工作、教導、團隊工作	常規作息的目標、活動，以及工作人員、老師、照顧工作者、團隊、孩子、家庭間的互動都明確，並且立基於 CARE 原則。
孩子和家庭	正向和尊重的人際關係可見於同儕、家庭、工作人員，以及所處社區的重要他人。

　　外部組織。負責委託契約、財務、執照許可和安置決策的外部組織，與為孩子和家庭提供直接服務的機構，共同合作決定怎樣的服務、標準、資源、程序符合孩子的最佳利益，他們為有更多需求的孩子和家庭，奠定接受高品質照顧和治療的基礎。

　　領導管理群。為了提供高品質的服務且有效執行 CARE 模式，組織必須要能明確解釋該架構，並且從領導管理群

開始在整個組織內強化它。經由持續不斷分享、實踐 CARE 模式的願景和價值，領導者的態度、工作重點、以身示範和資源分配，將能影響工作人員的行為[5]。明確的政策和程序，有助於促成 CARE 模式的執行和延續。當領導者提供實務的體系和架構時，無論組織面臨怎樣的變化和壓力，照顧者和孩子仍能專注於他們的主要職責和目標。倘若沒有這樣的架構，其他的工作面向（如成本的控制、工作人員的偏好、控制的文化）將可能主導日常決策，影響孩子與照顧者的互動[6]。

正向的組織氣氛和文化，有助於採行以實證為基礎的實踐[7]。組織透過有目標的管理不同面向，進而實踐堅強、正向、療癒的文化。正向的組織文化和氣氛具備參與式決策、督導能力、持續的員工發展、互惠的人際關係、自我反思等特點[8]。領導能力是共享的，並且透過具目的性的介入來促成改變。正向的組織共享領導責任，並且以具目的性的介入促成積極改變，其中涉及了傾聽、宣揚價值、傳述願景，並且以行動鞏固其言詞。好領導者的願景與正向的組織文化一致，並且具備向工作人員、孩子與家庭、外部利害關係人闡述願景的能力。

督導。對於照顧和臨床工作者在實務所用的技巧和作為，督導的影響甚鉅[9]。CARE 模式的執行極度仰賴督導提供教練、指導、反思實務的機會，並且在他們督導的角色

中應用 CARE 原則。工作者之間如何互動和支持、照顧者如何對待孩子、組織如何設定對照顧工作的期待，這些都是在督導過程中建構並深化[10]。督導的一個核心作用是「給予支持性的挑戰」（supportive challenging）[11]，亦即在面質工作者行為效益的同時，也兼顧對工作者追求專業成長的支持。

　　支持頻繁和持續的支持型督導、指導及教練的組織，將營造並支撐起高照顧品質的環境[12]。為了成功執行與延續 CARE 模式，組織應該採行反思實務和反思督導。受過充分訓練、有能力的督導，會對員工和照顧人員設定合理的工作時程和期待，讓他們能以周延、細心規劃的方式完成工作任務，並且回應孩子的需求。

　　倘若組織高層和督導間具有協同一致性，很可能會產生連鎖效應並深入整個組織[13]。由於以往人事高流動率和缺少對員工發展的重視，許多督導對溝通和指導實證取向的實務架構缺乏準備。如果領導管理群能從長遠來看，就應該做出合理調整，將資源配置於員工培訓和照顧品質。組織透過訓練和指導督導，使其能與其他工作人員和照顧者溝通專業期望並合作，將能維護治療照顧的品質，進而維繫孩子的最佳利益。

　　照顧工作、教導、團隊工作。對於常規生活作息、活動、工作人員與老師、照顧者、團體、孩子及家庭間的互

動，CARE 架構設立了明確的目標。如果缺乏明確的架構，組織將失去日常事務、學校、大人和孩子的互動、育樂活動，以及其他有計畫和目的性等諸多活動機會，幫助孩子實現發展和治療目標。CARE 架構聚焦於幫助孩子獲得成功管理生活事件所需的能力。一個擁有具體論述的實務架構，聚焦於孩子如何改變、成長和發展，並且與孩子的需求有一致性，能促使孩子和照顧者遵循生活常規、結構和程序，更減少了可能的人際衝突。實務架構讓傳達給孩子的訊息和照顧取向更具一致穩定性，也促進組織整體的協同一致性。

照顧者和工作人員需要學習該做什麼與不該做什麼。這將需要著重於專業發展，並且維持一個具情緒能力的工作場域。透過對反思實務和群體工作的支持，工作人員和照顧者學會如何將受訓所學實踐於工作中。當工作人員和照顧者學習和發展他們的技能時；當他們得到支持並參與決策時；當他們有時間跟空間以團隊進行計畫、反思和解決問題時，士氣將更高昂，連帶提升其服務品質。

孩子和家庭。孩子想要感受到「正常」（normal）。身處在安置系統中，孩子們知道這並不正常。如同之前所討論的，面臨複雜挑戰的孩子需要可以感受到安全的環境、可以學習新技巧的安全空間，以及能成功達成正常發展任務、學習新生活技能的機會。除了提供如此精心設計的生

活環境外，創造「正常感」（sense of normality）[14]也同等重要。組織可以透過提供如家庭一般（family-like）的外觀，以及賦予常規作息和活動一種秩序和可預測的氣氛，以此部分滿足這樣的正常感。建構正常經驗和機會的關鍵在於日常的互動和關係，這有助於孩子和家庭經驗到被重視、尊重、有價值和充滿希望。照顧者透過與孩子建立關係，能幫助他們發展出歸屬感、聯繫感和信任感。照顧者透過表達尊重幫助孩子和家庭，能與同儕、家庭成員、工作人員和重要他人建立尊重的人際關係。當孩子可以參與決策時，就發展出了權力和自主。透過給予孩子和家庭參與及付出的機會，他們學會慷慨、感到有能力，並且有了掌握感。

孩子最佳利益的協同一致性

組織執行 CARE 模式的經驗，與涉及孩子福祉的研究相吻合。有效且結果導向的兒童服務需要個別化的服務決策，必須根據孩子獨特的發展需求和最佳利益量身打造[15]。這有賴於組織對孩子的發展和治療需求有精準的評估；建立發展型的關係，吸引孩子投身於活動、作息常規及有目標的互動；提供安全的練習空間；並且讓孩子和家庭以夥伴關係涉入改變的過程。當以下要素和工作能實踐於組織各層面時，孩子的最佳利益便得以維繫：

- 以尊重的態度傾聽和回應
- 溝通一個能理解的架構
- 建立關係
- 發掘潛能
- 分享權力和決策[16]

　　組織本身必須建構撐起安全避風港所需的文化、氛圍和核心哲學，讓人在壓力和負擔中得以喘息，即使在困難的情況下，也能有動力參與並持續投身其中，而且渴望發掘並抓住成長的機會。

建構
照顧社群

06 成為能掌控
自身情緒的照顧者

如果你的情緒能力不穩定，如果你缺乏自我覺察，如果你不能管理自己的壓力情緒，如果你不能同理他人並建立有效的關係，那麼無論你多聰明，都不會走得太遠。

——丹尼爾·高曼（Daniel Goleman）

　　每個人都相信自己知道所照顧孩子的最佳利益，每個人也都有自己與孩子互動的方式。大部分照顧者都有一定的助人技巧，但可能並不足以幫助安置兒少及其家庭。稱職、專業的照顧工作者會發展出一種能力，得以整合自己本能的助人能力、情緒能力（emotional competence）、反思實務和督導，以及實務架構。

情緒能力

　　「具備情緒能力」是成為稱職助人專業者的核心。想

與複雜需求的孩子和家庭合作，需要照顧者有滿足他們需求的策略，以及照顧自己和同事的方法。情緒能力包含五個面向[1]。

圖 4 | 情緒能力的面向

自我覺察。具有技巧與能力的照顧工作者，知道並理解自己的想法、價值、感受、行為、優點、缺點和價值觀（內在自我意識），也了解其他人如何看待自己（外在自我意識）[2]。覺知自己的個人目標、價值、對自己和他人的信念；生活的規則（應該、必須、理應）；以及自我對話，透過內在聲音告訴自己「可行」或「不可行」，都

是自我覺察的一部分。這一切形塑了一個人的世界觀。當大人要做出決定時，尤其是在有壓力的情況下，本身的世界觀和信念將驅使他們的行為。當大人覺知到其情緒、優點、限制和價值如何影響自己做出決定，就會有更多的信心與更具目標的行動。清楚覺察他人如何看待與感知自己的大人，也會對自身如何影響他人更為敏銳，而這也是與孩子和家庭合作時的關鍵自我評估技巧。

自我激勵與主動。能夠自我激勵的照顧者、督導和領導者，會主動發展新的技巧和能力，並且實現其目標。他們也具備面對挫折仍保持動力和堅持的能力。在困境中保持正向的態度和樂觀，有助於孩子、家庭和同事保持希望，並且致力於實現他們的目標。懂得自我激勵的人對自己的工作保有熱情，而且會有意識發展新的技巧、尋求新的資訊來精進其工作。

同理與共感。大人如果能理解他人的感受並依此回應，就是展現了同理心。這包括理解來自不同背景、文化、種族、民族、社會認同的他人觀點。能表達這樣的理解是一種基本的技能，對於與他人合作極其重要。

大人們對自身處境的共感，表現在對自己情緒的認知，並且能根據對他人情緒狀態的解讀，做出言語和行為回應。這些大人在面對他人克服困境、完成任務或冒險嘗試新事物時，能夠以支持的方式做出回應。照顧者若能對

孩子產生共感，就會根據孩子當下所需要的方式和程度提供支持[3]。

　　具有回應和共感能力的照顧者，會依照孩子的需求、孩子當下如何反應來調整自己的回應。一旦觀察到孩子認為他們的幫忙沒有助益及支持，具有共感能力的照顧者會不斷自我調整，直到孩子覺得他們是有幫助的。舉例來說，如果照顧者試著協助孩子做功課，但一直被孩子要求離開，他們就會停止專注於功課。反之，照顧者可能會問孩子是不是需要休息？想不想聊些功課以外的事？基本上，照顧者會問孩子，「你現在需要我做些什麼？」並根據情況做出回應。

　　一旦照顧者能理解孩子當下對他們的看法，就能以讓孩子能善用照顧者支持的態度，幫助孩子去完成新的事物，或是管理自己的情緒和行為。與孩子產生共感也帶來一些附加益處，亦即傳達一種情感的緊密連結，強化照顧者與孩子的關係。就如 CARE 變革理論所述，達到正向照顧結果的關鍵是：照顧者是否有能力回應孩子，讓他們能感知到大人值得信任、關懷備至、有所助益。

　　社會與人際技巧。關係是幫助安置體系中孩子的核心。安置照顧的首要任務是與孩子及其家庭建立起信任、融洽和信心。有足夠能力建立和維持關係、建構和睦的互動，以及與來自多元背景的人找到共通點，都有助於照顧

工作者有效與不同的孩子、家庭和專業人士合作。孩子及其家庭擁有多元的生命經驗、背景和社會身分。組織中的工作人員和照顧者也代表不同的經驗和觀點。出於各種原因，想以團隊形式建立起網絡和同盟關係，並且追求孩子的最佳利益，需要廣泛的人際互動和社會技巧。

照顧者親身示範社交能力和人際技巧，對於幫助孩子發展社會能力至關重要。孩子透過身處健康的人際關係，學習到如何建立和維護關係；他們透過被關懷的經驗，見證大人如何關懷自己與其他人，從而學會如何去關懷他人。大人每天在與孩子、家庭、同事的互動中，都有許多示範良好人際技巧的機會。良好的社會和關係技巧不僅可以增強影響他人、清楚溝通、解決衝突、與他人合作的能力，也幫助孩子與家庭成長。

自我調節。自我調節是為了實現長期目標而調節自己行為、情緒和想法的能力。其中包括了能接受新的點子和做法、有能力嘗試新事物而不會過度焦慮、控制負面衝突，以及對改變抱持開放的態度。具自我調節能力的照顧者不預設批評、謀定而後動，能相對客觀評估情況並制定計畫。

學習如何管理情緒，對照顧者本身與孩子都很重要。自我調節的技巧包括(1)有意識保持專注的能力；(2)覺知自身的生理和情緒狀態；(3)管理自身情緒和行為的能力；

(4) 能夠回溯過去經驗，並且有效適應現在的狀況④。當照顧者以協同調節的方式幫助孩子冷靜下來時，孩子就會發展自我調節的技巧。透過這樣的過程，孩子學到如何安撫自己和管理情緒。具有自我調節能力的照顧者，即使處在壓力、疲憊、焦慮、恐懼或生氣的情況下，也有足夠的能力應對各種情況。反之，如果照顧者的回應加劇孩子的壓力，或是削弱他們應對情境的能力，他們展現的行為可能阻礙了孩子的發展成長⑤。

　　照顧者的個人技巧必須包含：了解自己的觸發點（triggers）、能控制自己的情緒、有足夠彈性去適應變動的環境、保持誠實與正直。這些是核心關鍵技巧！大人必須要能控制自己的衝動，才能適切回應與同理他人。

照顧自己和他人

　　隨著探討創傷對孩子和成年人影響的研究愈來愈多，許多研究結果都指出與創傷孩子和家庭合作的大人，可能會出現「次級創傷」（secondary trauma）的負面影響。這些工作者可能會感到不知所措、無助、害怕或充滿絕望，也可能感覺不安全。他們可能會想起自己的創傷經驗，並且將自己的感受投射到他人身上。

　　由於這些感受，照顧工作者的情緒變得難以負荷，進而以對孩子無益的方式做出回應，也危害到自己的福祉。

一方面照顧工作者可能會變得過分涉入，或者為了防止本身再次受傷，嘗試干預孩子自己去學習解決問題。另一方面，照顧工作者也可能會疏遠孩子、淡化孩子的經歷，或者以反向攻擊（counter-aggressive）來保護自己。

　　研究顯示，照顧尚未發展出情緒調節能力的孩子，可能損害照顧工作者的心理和生理健康、專業表現[6]。具有良好自我調節技巧的照顧者，擁有許多有效和適應性的方式來因應壓力。規律的自我照顧活動（例如運動、嗜好、社交活動）有助於調適壓力。身心狀態愈健康，照顧工作者就愈有韌性去幫助孩子應對壓力和痛苦[7]。

　　為了抵抗照顧工作中經歷的感受和影響，照顧工作者必須觀察自己的壓力程度、保持健康的生活方式，以及善用反思督導來維持專業角度。此外，照顧工作者也應該尋求督導的協助來維持健康的心態。除了在困難時刻伸出援手外，基於反思實務原則的規律督導，也有助於照顧工作者維護個人與專業的界線。反思督導有益於創造開放、支持、具創傷敏感的環境，能定期討論包含次級創傷、共情創傷（vicarious trauma）在內的創傷議題。

支持的環境

　　處在困境中的人，需要一個能安全表述和解釋自己經驗的地方。包容的環境提倡和支持滋養的關係型態，使

人們可以緩解焦慮，減少獨自面對的痛苦情緒。組織裡的人們透過主動關心和探詢對方的經歷來「撐住彼此」（holding each other）。工作者透過體恤和同理的回應，進而確認（validating）、認可（acknowledging）他人經驗到的現實，幫助他們梳理自己的經驗。一個支持型的組織建構起文化、氛圍和核心哲學，能撐起安全避風港、減輕壓力與包袱、增強即使面對困難也願意投身其中的動力，並且渴望能找出並抓住學習成長的機會[8]。研究亦指出，專業發展機會、支持的組織氣氛、知識型督導、善解人意的同儕、勝任感（a sense of competence）等支持因素，都是員工和照顧工作者留任的關鍵要素[9]。

07　涵容和好奇的文化

我們都應該知道，多樣性交織出一幅繽紛的花毯，而我
們也必須明白，無論花毯的織線是什麼顏色，每條織線
都有同等價值。

—— 馬雅·安傑洛（Maya Angelou）

　　每個人透過其個人經歷、與他人的互動，都擁有一套
自己的信念和價值觀。在一生中，人們發展出關於自己、
他人和世界的假設和信念。不論是有意識或無意識的覺
知，每個人都會根據自己的假設和信念來決定其作為。對
照顧工作者來說，發展出與孩子和家庭合作的技巧是一回
事；更重要的是他們如何使用這些技巧。

多元文化主義

　　安置照顧體系中的孩子及其家庭有多元的文化背景，

包括不同的族裔、種族、性傾向、語言、信仰、地緣、健康差距、教育背景、社經地位等。綜觀歷史，進入安置照顧體系內的孩子，包括有色人種、原住民族、低社經地位和社區的家庭、LGBTQ+ [1] 等背景，占了與社會組成比例不相符的多數。人們同時具有許多不同的社會身分（例如性別、階級、種族、生理能力、信仰、神經多樣性、社經地位等）。這些社會身分在不同層面上交互作用的結果，創造出個人獨特的經驗、機會和障礙。這些差異也因社會環境脈絡不同而帶來各種行為，其中有些是適應性的，有些則不是。每個人因自身各種的社會身分交互影響，對這個世界有不同的體驗。

多數組織都對文化多樣性做出回應，透過提供文化能力（cultural competence）訓練，協助工作者學習不同的文化、發展文化的自我意識、控制自己的偏見、重視多元文化，以及根據他人的多元需求而調整行為和溝通風格 [2]。雖然聽起來很理想，但諷刺的是這可能會讓工作者過度概化不同背景的人群，從而忽略了個別差異。這也意味著人們可能擅長理解不同文化背景的人，進而塑造出虛假的權威性。隨著世界各地日漸增加的衝突、貧窮和政治動盪，機構可以預見會有更多難民和移民成為服務對象。雖然具備文化能力似乎是適當的目標，但期望工作者學習所有孩子不同的文化和社會身分認同，並且完全沒有偏見，則相

當不切實際。更實際的目標或許是實踐文化謙卑（cultural humility）。

文化謙卑

有文化謙卑意識的人會坦承自己並非多元文化的專家，但願意向不同文化背景的人學習，同時能覺知自己的文化偏見。如果人們具文化謙卑，就會努力去認識多元文化的世界觀和失衡的社會權力，同時反思自身的價值觀和信念③。在安置照顧的脈絡下，人們學習接受自己永遠無法知道他人文化的全部面貌；致力於和孩子及其家庭形成夥伴關係，以此增加對於他人世界觀的認知，無論彼此差異有多大④。這會形成一種終身學習認識他人與自我的心態，覺知自身偏見和價值觀如何影響我們對待和理解他人。

照顧工作者總是努力減少自身的偏見，避免影響他們和孩子、孩子家庭、同事的互動。文化謙卑著重於建立真正的關係、解決權力不對等、辨識個別差異。這意味著重視個人的整體性（包含他們所有的生活經驗）。照顧工作者會善用孩子及其家庭的文化專業知識，使自己成為更好的照顧者。倘若整個組織都認為世界充滿無窮的多元樣貌，文化謙卑就會成為個人和組織的學習過程。

> **實踐文化謙卑**
> - 自我反思
> - 好奇
> - 謙卑
> - 敏感度

實踐文化謙卑

　　文化謙卑的精神包括致力於「持續主動學習自我與他人關係」的過程。以下列舉幾個能幫助工作者實踐個人文化謙卑的指引[5]：

　　自我反思。坦承知識的落差與過去的錯誤。了解個人文化觀點和社會身分如何描繪世界的樣貌。努力發掘個人偏見、反轉評斷,並且去除理解他人的障礙。

　　好奇。學習其他文化,明白外人永遠無法全盤認識另一種文化。透過觀察、參與和請教孩子及其家庭,進入每個孩子的文化和種族現實。借鑑家庭的文化專業知識,並且接受孩子和家庭總會有自己未知的面相。

　　謙卑。面對不確定時要坦誠,對於未知要保持開放。透過尊重孩子及其家庭對自身文化和社會脈絡的理解,進而建立起權力對等的關係。察覺到評斷他人文化為卑劣的傾向,並且聚焦於各種文化工作能否滿足孩子的需求。

　　敏感度。營造文化安全的環境,接納不同的文化和社

會身分認同。與人進行開放討論，並且在文化自覺和協同合作的歷程中相互督促。

文化回應實務

文化回應實務（culturally responsive practice）要求每個人探索自己的文化和社會身分認同，以此習得能滿足孩子與家庭特定文化需求的知識和技巧。多元文化如何被看待，取決於照顧環境中的工作人員、孩子和家庭，以及組織層面的文化敏感度。實踐文化謙卑的過程始於文化自覺，最終建構出具文化回應性的工作技巧。這是源於我們對背景和生活經歷相異的人們，所抱持的尊重、認可和開放態度。

08 反思實務和
建立學習型組織

反思實務是一種存在於世界上的方式，不是實務工作者
所做的某件事，而是一項專業承諾。

—— 喬·特雷爾法（Jo Trelfa）

　　無論是孩子或大人，都需要感受到被照顧和被關心，
並且在面對適切的挑戰下成長。CARE 組織致力於成為學
習型組織，為工作人員和照顧工作者創造反思、從經驗中
驗證和發展洞見的機會。CARE 模式體悟到，照顧充滿逆
境和創傷經驗的孩子和家庭具有真實複雜性，需要工作人
員和照顧工作者擁有處理複雜需求和行為的心態。組織需
要支持員工的專業發展，使其能習慣抽象的概念、適應新
的複雜情況，並且具有自主引導（self-directed）、自我覺
察（self-aware）和自我批判（self-critical）的特質。這些
都是發展心理學家羅伯特·凱根（Robert Kegan）①稱為

「自我導向心態」（the self-authoring mindset）的要點，也是有效回應安置照顧兒少，以及塑造 CARE 變革理論提及經歷的要點。反思實務是支持 CARE 模式的關鍵程序，它使組織中的每個人能互相對話，並且對增進全體經驗的目標進行批判性思考②。反思實務承認好好照顧孩子是一項複雜的工作，特別是照顧經常發生在不確定、不可預測的情境脈絡中③。

反思實務

　　每個人都相信自己知道如何照顧孩子，以及什麼對孩子最好。許多身在寄養、團體和機構式照顧的孩子都會爭論這信念是否屬實。每個人在幫助他人方面都有自己天生的方式和技巧，但僅此並不足以讓照顧工作者去幫助所有孩子。專業和有能力的照顧者會結合天生的能力與學到的概念及技巧。無論專業照顧工作者和督導多有能力或技巧，總是有可以再精進之處。反思實務的基本原則就是能夠檢視自己的工作，並且致力於精進技巧。

　　反思實務意指照顧工作者不斷檢視自己的假設和工作，並且與經研究證實的最佳實務原則和策略（例如 CARE 模式）相互對照。這是一個積極主動、持續不斷觀察與分析的過程。對照顧工作者而言，關鍵在於學習如何檢驗自己的經驗，而不只是得過且過。從自我反思中獲得的洞

見,能夠為增進服務效益帶來極大的可能性。

遵循反思實務原則,意味著建立一種定期檢視自己經驗的方式,透過發展出某種習慣、結構或儀式,讓自己有時間進行反思。為了使學習最佳化,我們需要經常在各種經驗下(無論好壞)進行反思實務。透過反思而得的見解,則能幫助照顧工作者精進他們的工作。

反思督導

反思實務是向後退一步,嘗試用不同觀點來看待事物。有時是透過與他人聊聊、細心思索,從不同的角度去查看。這也包括從不同角度看待自己④。持續的支持和反思督導也涉及創傷知情,被認為是預防耗竭(burnout)、共情和次級創傷(vicarious and secondary trauma)的重要保護因子⑤。

困難掙扎、兩難、不確定或突破性的經驗,通常提供透過反思實務來學習的絕佳機會⑥。藉由從互動或事件的回顧與解構,照顧者能洞察本身作為如何影響情境的結果。反思實務增加了從經驗中學習的機會。

舉例來說,孩子在跟其他孩子互動後,拒絕聽從指示並跑出了房間,工作者可以和督導討論並解構事件。不僅討論有哪些幫助孩子繼續參與活動的技巧和策略,同時也思考哪些方式反而會讓孩子感到挫折或焦慮,這種批判性

的反思實際上有助於照顧者將其理解應用在實務上，而且在督導和教練的協助下效果最好⑦，對於正在學習知識與技巧的工作人員和照顧者更是如此⑧。

集體反思

由於團隊合作是照顧孩子重要的一環，集體實踐反思實務原則能增進處遇介入的協調性⑨，並且支持組織整體的一致性。除了個人反思或個別督導外，團隊也能透過集體反思來達到共學。反思實務相信學習不只是「一個老師」對上「一個學生」的形式，也發生在活動和關係互動之中。「與同事一起反思」可以是支持彼此的經驗與相互學習的機會。

一個孩子涉及到多位工作人員（無論是直接或間接）的事件，都會是進行個別和集體反思的好機會。例如：

晚餐時間，泰瑞變得沮喪並開始亂丟食物。兩位照顧者試著與泰瑞聊聊問題出在哪裡。另一個孩子開始大吼大叫。泰瑞之後跑出房間。其中一名照顧者出去和泰瑞交談，另一名則努力安撫其他孩子。泰瑞告訴照顧者，社工說他這個週末不能回家。

這是個讓照顧者和社工討論發生什麼狀況的機會。

集體反思這事件的同時，每個人都可以輪流描述發生什麼事，然後得到回饋、分析、建立關係、提出關鍵問題，並且從中學習。

實務社群

實務社群是由有相似興趣或目標的人所組成的團體，定期聚集分享他們的知識、經驗，並且相互學習[10]。社群核心是共同的專業領域、群體感，以及精進實務工作的決心。參與一個能提供不同觀點的學習和實務社群，可以幫助每個人更清楚審視和思考自己的價值觀、行動和經驗。

創造改變的條件

大人本身如何建立關係、幫助孩子學習和練習技巧、與家庭合作、促成活動、設定界線、反思實務工作，以及在壓力情境下介入，都是創造改變條件的核心所在。

共同學習

反思實務為「從經驗中學習」做了最佳的注解。照顧工作者個別檢視自己的工作，並且和督導一起將其作為與最佳實務原則相對照，如此就能增進本身的技巧和能力。

大人本身如何建立關係、幫助孩子學習和練習技巧、與家庭合作、促成活動、設定界線、反思實務工作，以及

在壓力情境下介入，都是創造改變條件的核心所在[11]。就像孩子和大人的關係能提供成長和發展的機會，大人之間的關係和實務社群同樣提供專業成長發展的機會。這種形式的支持也有助於創造支持組織的條件，進而緩減照顧工作沉重的壓力和耗竭[12]。

原則一：
關係為本

09 發展型關係

對我們孩子的深深關懷，是我們做為人類的一部分。

—— 艾利森・高普尼克（Alison Gopnik）

　　與孩子相處時間最長的人（例如照顧者、老師、朋友、家庭）對他們的影響最大。他們怎麼和孩子及其他大人互動，以及如何玩樂、工作、解決問題和處理日常事務，都是為孩子示範大人如何互動和應對日常。

有效成分

　　社會科學研究認識到，孩子與大人的關係是幫助孩子達到正向成果的關鍵機制。研究者指出，大人與孩子關係的品質是「所有具成效方案仰賴的主要有效成分（active ingredient）」①。以生態系統理論和創設 Head Start 計畫而聞名的心理學家布朗芬布倫納（Urie Bronfenbrenner），

就將這樣的關係描述為一種發展型關係（developmental relationship），意指一個人與孩子有強烈情感依附關係，有助於發展中個體的學習和成長，或是以布朗芬布倫納的話來說，「每個孩子至少需要一個為他們瘋狂著迷（crazy about）的人。」②許多表述孩子心聲的研究，也一再指出正向和支持的大人與孩子關係的重要性③。照顧者與孩子的正向關係，促進了孩子的健康成長和發展，尤其是那些面對挑戰、需要修復和治療經驗來癒合的孩子。CARE 模式提供以原則為基礎的指引，改善組織內部所有的關係，並且創造一個能讓安置照顧兒少癒合、正向發展和學習的療癒環境。

心理韌性

孩子如何克服逆境和創傷，發展成長為健康成功的大人？多年來研究者一直在尋找這問題的解答。一個人所擁有的心理韌性（resilience），取決於風險因子和保護因子之間的動態平衡④。許多研究已明確指出三種類型的風險和保護因子：個人、家庭、環境。邦妮·貝納德（Bonnie Benard）就其研究做了注解：

心理韌性是一種，**每個孩子都有**，能健康發展和成功學習的能力⑤。

個人、家庭、環境的風險因子。個人風險因素包括僵化（inflexibility）、低自尊、焦慮、不安全的依附關係、情緒調節技巧差、社會技巧差、反社會行為，以及童年時期的情緒問題。家庭風險因子包括父母抑鬱、兒童虐待或不當對待、疏忽、家庭衝突、父母毒品濫用、失業，以及父母的心理健康問題。環境風險因子則包括暴露在校園和社區暴力、貧窮、學業低成就、同儕排擠、失去朋友或親人，以及創傷和壓力事件[6]。

　　保護因子。研究發現受到不當對待與安置照顧兒少，可透過以下幾個保護因子提升心理韌性：情緒調節技巧、高自尊、學校參與、社交能力、自主、充滿希望、有目標感、因應與解決問題的技巧，以及追求成功的動機[7]。家庭帶來的支持關係也是強大的保護因子[8]。對於安置照顧兒少來說，與原生家庭有規律的聯繫，不僅是極有影響力的保護因子，還能讓孩子免於被遺棄和拒絕的感受，更有助於安置的穩定性[9]。不論孩子的境遇如何（貧窮、暴力、虐待、疏忽），與適任且關心的大人保持正向的情感關係，也被確認為極重要的環境保護因子[10]。

　　另一個強化孩子心理韌性的關鍵因素，則是預防孩子再次受到不當對待。創傷和不當對待會對自尊、學業、社會技巧產生負面影響。在安置照顧中的工作人員必須小心避免讓孩子再次受創（retraumatizing），並且保護他們不

受到更深的傷害。對安置照顧兒少特別有意義的保護因子還包括：正向的同儕關係；參與學校和課外活動；一個契合孩子需求的溫暖、穩定、可預測環境[11]。每個孩子至少需要一個為他們瘋狂著迷的人。

請記得心理韌性並非絕對，每個人都有其承受極限。在眾多的創傷和危機因子下（例如貧窮、負面或情感疏忽的父母／照顧者、虐待），即使是再有韌性的孩子，也會陷入情緒和行為問題。

孩子怎麼說

一個針對安置照顧兒少的研究，請孩子描述他們照顧者的正向特質，最常被提及的回應包括了讓孩子感覺好相處的特質（例如隨和、有趣、總是微笑）、感受到真誠的交往（「像是真正的朋友」或「很像我爺爺」），以及能夠理解和同理孩子的經驗[12]。

另一個研究中，當被問及在家外安置照顧中最正向的經驗時，孩子指出了他們與大人的關係，以及大人給予的支持：

他們總是支持著你，在遭遇困境時都在你身邊；他們也會給你建議。

他們會盡力幫助你。[13]

這些孩子與大人的關係提供孩子支持、信任、尊重、安全感、動機與榜樣，並且使他們能茁壯成長。

心理韌性與保護關係

那些表現好的孩子，至少曾有過一個穩定、堅定的關係，可能是來自支持他的父母、照顧者或其他大人。這些支持、發展和關懷的關係，緩減了孩子進一步發展過程中的干擾和孤立，還提供機會和支持去學習重要的生活技巧，像是情緒和行為調節、彈性、計畫、解決問題、適應變化，而這些都是每個人面對逆境和成長所需的技巧！支持型關係和高期待訊息（high expectation messages）⑭、參與活動並學習適應技巧的機會、獲得正向的經驗與做出貢獻⑮等，都是心理韌性的基本要素⑯。靠著支持和練習，孩子能成就更高的功能和人際成熟度（interpersonal maturity），使他們能更充分投身於同儕互動，並且利用教育的機會，成功解決日常問題與應對壓力情境。

發展型關係

發展型關係是幫助孩子得以成長、發展、茁壯的核心要素：

學習和發展的促成，是由成長中的個人與已建立堅定

不移情感連結的他人，建立起漸進複雜的相互交流和行為型態，並且權力的平衡逐漸轉向成長中的個人。

——布朗芬布倫納[⑰]

　　發展型關係自然形成於孩子與大人（或是任何兩個不同的人）的互動中，呈現出不同程度的依附關係、相互性（reciprocity）、漸進複雜（progressive complexity）、權力平衡[⑱]。這四個要素共同作用，可以幫助孩子成長、發展、茁壯。

發展型關係

在孩子與大人互動中呈現出：
- 依附關係
- 相互性
- 漸進複雜
- 權力平衡

　　依附關係。 在這種情況下建立依附關係的人際互動，營造了一種正向情感連結，能為孩子提供安全感。當大人和孩子彼此聆聽對方、相互共感時，無論他們是交談、工作或靜靜坐在一起，都會產生連結感。在孩子面對壓力時，提供安慰並讓他們感到安全和被照顧（做為一個安全避風港）；在孩子遭遇困境與挑戰時，隨時提供支持（做

為一個安全堡壘），大人如此與孩子建立依附關係，這些正向連結將激發孩子天生對學習、成長、探索、達成目標的渴望[19]。

相互性。在發展型關係中，大人與孩子會有相互或「投與接」（give and take）的互動交流。例如大人將球投給孩子，孩子再把球投回給大人，持續輪流傳接彼此的球。透過這種有來有往、有節律、交互和引人入勝的互動，關係逐漸發展起來。孩子也將大人與正向情感連結起來。當大人和孩子有持續、非強制的相互交流時，他們就建立並加強了依附關係。

漸進複雜。透過與孩子持續和共同的活動，照顧工作者能評估孩子的能力，並且根據孩子已成功發展愈漸複雜能力的情況，調整期待、任務與支持的程度。回到上述例子，照顧工作者在與孩子傳接球時，可以評量孩子的技巧，然後隨著孩子更有能力而增加距離和球速。這就是愈漸複雜的涵義。照顧者依照孩子的近端發展區[20]，挑戰他們發展新的技巧，並且提供確保孩子成功所需的支持。

權力平衡。隨著孩子能表現出漸進複雜的行為模式，權力平衡逐漸從大人轉移到孩子身上。當孩子在投球上愈來愈有能力和信心時，照顧者透過讓孩子決定傳接球的節奏，將權力移交給孩子。孩子決定距離或速度，而照顧者的目標是幫助孩子發展他們的控制能力，增強其自主性並

展現獨立性。當孩子看見照顧者因自己能力不斷增長而將權力移轉過來時，他們的信心和自我效能感也因此增加。

　　在孩子生活中有著關懷和發展型關係的大人，能幫他們學習、練習對生活事件做出正向與適應性的回應。這樣的關係正是改變的根基。

10 提供安全堡壘

「能在他人身上感到安全」可能是心理健康最重要的因素；安全的連結是有意義和滿足生活的根本。
—— 貝塞爾・范德寇（Bessel van der Kolk）

關懷的關係被廣泛認為可促進健康和福祉，也是孩子能從創傷與逆境中復原的關鍵。孩子想要學會調節情緒、管理行為、實現自主和自立、發展自我認同，必須要從大人身上感受到信心和安全。孩子在感受到威脅、恐懼或壓力時，若知道自己能將照顧者當做安全堡壘，就能調節情緒和管理行為。當照顧者提供這種安全感時，孩子就能自由探索、遊戲和學習，進而增強其自主性、自立和自信。換言之，照顧者和孩子之間安全的關係，正是幫助孩子成長的關鍵。

鼓勵健康的連結

　　與關懷的照顧者建立正向連結，對孩子的發展有多重意義。與大人的健康關係為孩子提供了安全堡壘，讓他們可以探索環境和達成發展任務。孩子需要能夠和大人建立連結並仰賴他們，才有足夠的信心獨自冒險和嘗試。舉例來說，只要「媽媽」在視線內，幼兒就會探索新的遊樂器材，或是進到有其他孩子的沙箱遊玩。有「安全堡壘」在旁時，孩子就會有勇氣和安全感，能在新的經驗中冒險。在有能力照顧者的陪伴下，孩子對新的挑戰情境比較不會害怕，也更有信心去探索和應對壓力。

　　「建立依附關係的過程」不只是滿足嬰兒生存的必要基本所需，也是在兒童和青少年時期學會情緒調節的基礎。與具有情緒能力的照顧者發生歧見和衝突，也有助於孩子發展同理和解決衝突的技巧。照顧者和孩子討論價值觀，將有助於他們發展出道德觀。對於關係如何形塑孩子自我意識、社交能力、道德觀、情緒成長和調節、認知成長，這些都只是其中一部分的方式。

建立依附關係：與關懷的大人的關係型態

　　依附關係是人類之間的長久連結，即使我們與某個人可能沒有直接接觸，也能持續感受到對方的存在和支持。正如作家暨教育家亨利・邁爾（Henry Maier）博士注解：

依附關係持續存在於時間、空間與其他既存的聯繫（associations），並且強化了獨立自主的存在（existence）及緩慢成形的自我意識。[1]

究其文意，依附關係並不是指孩子與主要照顧者之間固有排他的連結（exclusive bond），而是指孩子和照顧者之間形成的正向情感連結。依附關係是發展型關係的一個要素。這些類型的依附或連結無須使用強制手段，就能維持頻繁和持續相互性的互動[2]。

孩子希望和雙向信任的大人共度時光與相互溝通。其實大人也是如此，人們傾向於回應那些自己信任的人，並從對方那裡獲得回饋與支持。一個有情感依附關係的孩子，更容易與其他人建立關係。要在自主的同時也能依賴、信任他人，就必須具備與其他人建立健康關係的能力。在接受安置照顧時，孩子想要實現發展階段的目標和發展能力，需要信任和依賴照顧者。透過建立這些關係，孩子學會發展應對技巧、社會技巧和健康的關係。他們在成年後更有能力與他人建立正向的依附關係。

依附是怎麼形成的

安置照顧的工作者和孩子建立關係的方式有很多。機構可以明確向照顧工作者表示，他們的主要和核心任務是

提供孩子立即的支持和滋養，強調以關係為基礎的照顧服
務③。照顧者想與孩子建立關係，可以從滿足其日常基本需
求著手。為了生存，人類必須有空氣、水、食物和住所。
這些是每個人都有的基本生理需求。孩子想要健康成長和
發展，除了這些基本需求外，還有其他必須獲得滿足的特
定需求。「滿足孩子基本的生理和安全需求」是開始建立
依附關係的一種方式。

滿足基本需求

　　所有孩子都需要豐足的照顧經驗；那些歷經創傷經驗
的孩子需求更是迫切。孩子是在日常互動中發展信任並形
成依附關係④。

　　那些可以滿足孩子基本需求和提供滋養的大人，更
有可能與孩子形成正向的依附。對於照顧工作者來說，滿
足基本需求是創造正向依附關係的良好起點。供給健康的
食物、確保舒適和足夠的衣物、讓孩子有足夠的睡眠，都
是建立關係的立足點。同樣重要的是，孩子需要安全、保
障，以及一個有秩序、可預測的世界。著名美國心理學家
馬斯洛（Abraham Maslow）在其著作《識別人類需求的層
次結構》（*Identifying a Hierarchy of Human Needs*）⑤中，
強調了滿足孩子生理和安全需求的重要性。此外，愛與被
愛、有能感、有價值感、受尊重等，都是每個人邁向健

康、有意義生活的必要需求。

　　假使有人曾在某個層次碰到需求未被滿足的問題，例如沒有足夠的食物、受到身體虐待或拒絕等，可能會執著於這種需求；即使他已身處在一個安全與關愛的關係中，仍會擔心是否有足夠的食物可吃、是否安全或被愛。照顧工作者若能理解孩子受過的傷，並且以關懷和滋養等方式滿足他們的需求，就有機會修復過去的傷害，並且讓孩子有信心面對過往的失去。

感到安全

　　「身處於安全」（being safe）和「感到安全」（feeling safe）是兩種不同的經驗，對安置照顧的兒少來說尤其如此。照顧工作者需要思考安全的定義，不僅僅是排除危險的事物，更是當下體驗到的安全感受，並且相信這種安全感會持續存在⑥。

　　「人身的安全」和「感受到的安全」都是提供創傷知情照顧的關鍵，可以提升孩子發展福祉。即使在沒有顯著威脅的狀態下，經歷過創傷或逆境經驗的孩子總是處於「高度警戒」狀態。孩子需要感到安全才能放鬆、投身於活動，並且從中獲益。如果安置照顧的孩子身邊大人都值得信賴，也遵從孩子認為是公平的規則，這樣他們會更傾向感到安全⑦。

研究也指出，安置照顧的孩子自述他們和照顧者關係的品質，與他們感到安全的程度有直接關聯性[8]。孩子需要一位可以信賴的大人，以及能在生理和情感上都感到安全的環境，幫助他們從焦慮、恐懼、憤怒的狀態轉為相對安全的感覺。

激發—放鬆循環

了解如何與孩子建立依附關係，能使照顧工作者確保自己正在建立正向連結。約翰‧鮑比（John Bowlby）[9]提出兩個照顧者與孩子互動的特質，如何影響依附關係的發展。這兩個特質是照顧者對孩子不適感（discomfort）回應的速度（speed）和強度（intensity）。鮑比的依附循環是從孩子還處於嬰兒時期開始觀察。下一頁圖5「激發—放鬆循環」（Arousal-Relaxation Cycle）描繪了嬰兒和照顧者之間的成功互動。這互動是由孩子發起。當孩子因為有需求、感受到壓力或變得緊張時，會透過哭泣、扭動、移動、面部泛紅等方式引起照顧者注意。為了形成健康的依附關係，照顧者必須有足夠的敏感度並快速做出回應，才能滿足孩子的需求和／或減緩其壓力。一旦孩子感到放鬆或平靜，這個循環就此完成。如果這樣的循環能重複和一致，孩子學會信賴照顧者並感到安全，他們的世界就變成了安全、能發展信任的地方，而大人是值得信任的。

圖5 | 激發─放鬆循環

放鬆

需求

信任
安全
依附
──約翰·鮑比

滿足需求

焦躁不安

當孩子因為需求而感到不適，但需求並未被滿足或未
穩定一致被滿足時，緊張就不會獲得緩解或放鬆。孩子持
續感到焦躁甚至害怕，到頭來就會變得沒有安全感，並且
不信任照顧者。導致這種負向循環的因素很多：照顧者可
能是疏忽、惡意或不一致的；孩子本身的需求可能很難被
滿足，或是無法向照顧者表達。關鍵是要記住循環的最後
一個階段：放鬆和感到冷靜，必須如此才能產生正向的依
附關係。

對於許多安置照顧的兒少來說，他們沒遇過能一
致穩定滿足其需求的照顧者。這些照顧者可能曾不可及

（unavailable）、不回應（unresponsive）、無力滿足孩子的生理和情感需求，甚至可能以有害的方式做出回應，因此造成痛楚而非安撫。

這些類型的回應（或缺乏回應），都有可能造成創傷和不信任感。

在孩子處於安置照顧期間，照顧工作者可透過滿足其生理和情感需求，幫助他們建立依附關係。烹煮一頓特別的餐點、提供柔軟的毯子、允許私人空間、編辮子或洗頭髮，都是一些可以提供生理舒適的方法。

在孩子感到不安時提供支持和同理，讓他們能表達情緒，進而放鬆和冷靜下來。陪同緊張、害怕的孩子出席會議或門診，或是在孩子進入未知情境時陪伴他們，都能給予撫慰。

通常照顧工作者需要經過嘗試，才能判斷哪些陪伴的方式可以安撫、慰藉和鼓勵孩子。

經歷過創傷的孩子可能會有一種心態或「內在運作模式」（working model），認為成年照顧者不值得信任、有威脅性或漠不關心。

這可能需要花很長的時間與許多重複的正向互動，才能讓孩子信任大人，並且發展更正向的內在運作模式來看待照顧者[10]。

正向互動循環

圖 6｜ 正向互動循環

大人／孩子主動正向互動

自尊
自我價值
——維拉・法爾伯

孩子／大人正向回應

　　社會互動和滿足基本需求同等重要，因為它們能夠刺激成長和改變⑪。在正向互動循環（圖 6）中，照顧工作者透過玩遊戲、閒聊或表達興趣來展開社會互動；孩子感受到被愛和有價值感，這是建立起正向自我價值感的兩個重要因素。

　　正向互動可以非常低調，例如「早安」或「你在學校過得怎麼樣？」協助回家作業、做家事、玩遊戲等，都是展開正向互動的方式。這是一種認可和看見孩子的方式，基本上就是表達出「我有在看著你」（I see you）。

孩子也能透過請求幫忙、肯定或共度時光來發起這些交流，可以被視為尋求關注或連結的試探。基本上，孩子是在邀請大人建立關係並與之互動⑫。這些建立關係的嘗試可能是口語或非口語的，而且通常有些稚嫩甚至不適當。與其評判這種行為是好是壞、適不適當，不如將通常所謂「尋求注意力的行為」（attention-seeking）視為「尋求依附關係的行為」（attachment-needing），如此會更有幫助。孩子做這些嘗試都是為了滿足「與大人們建立安全和關懷關係」的需求。重要的是看見孩子的努力，理解他們正在嘗試建立關係，並且做出正向的回應。這些正向的互動循環能建立信任和依附，增進孩子的自我價值感。隨著正向互動經驗的累積，信任和關係就得以建立。

節律性

心理學家用「節律性」（rhythmicity）一詞來描述讓孩子感受到恆久（permanence）和安全的經驗。在照顧經驗中，節律性讓孩子能預期照顧者的回應，進而產生安全感和一體感（unity）。參與正向互動和有節律的活動，例如跳舞、傳接球、跳繩，都是有趣且自然的互動方式。這些活動帶來正向情緒，進而提升心理韌性並拓展信任圈⑬。這些具節律和正向的互動將人們聚在一起，為人際連結提供了黏合劑⑭。

納入或聲稱

　　將孩子納入（inclusion）團體，幫助他們成為「我們」的一份子，也是一種形成依附關係的方式⑮。每個人都能理解和家庭或團體建立聯繫的重要性。想想看，數不清的團體都共享了專業、政治、文化或族裔等特質。在家庭中，父母透過找出與孩子的相似之處（例如孩子的眼睛像我、鼻子像你），以此納入和聲稱（claiming）自己的孩子。在其他團體中，納入代表擁有該團體「歸屬」的標準（例如具備學位資格、信念或傳統）。

　　共有的經驗、家族傳統、知識，以及著重於相似而非差異之處，都是建立關係連結的重要面向。常見的例子包括：「我們慶生時有蛋糕和禮物」；「我們每週五都會吃冰淇淋」；「我們會把自己的畫掛在牆上」。這些方法都能幫助孩子成為「我們」的一份子。許多孩子都有因為被排除於家庭或團體活動之外，結果受到排擠或懲罰的經歷。創造一種納入和歡迎的文化，對孩子和他們的家庭至關重要。

11　實踐關係為本原則

連結是人們彼此之間存在的能量：當他們感到被看見、
被聽到和被重視時；當他們能不帶評斷的給予和接受時；
當他們從關係中獲得支持和力量時。

—— 布芮尼・布朗（Brené Brown）

　　經歷過疏忽、情緒、生理、性虐待的孩子，通常會將
與大人的關係視為對立和充滿危險。這些經歷不但危害孩
子建立依附關係的能力，也損害其信任大人的能力①。由於
預期大人會讓自己失望，甚至帶來傷害，孩子可能會在大
人努力建立關係的當下，引發負面的互動循環。倘若大人
在努力與孩子建立關係時缺乏足夠的技巧或支持，就無法
提供孩子需要的關係經驗，幫助他們療癒、發展和茁壯。

以關係為本的組織

　　正如孩子和大人之間的關係能提供成長的機會，大人之間的關係和實務社群也能帶來專業成長的機會。為提供安置照顧兒少及其家庭正向的關係經驗，組織需要為其工作人員和社區夥伴提供支持與正向的關係經驗。如 CARE 變革理論所述（見第 42 ～ 43 頁的圖 2），領導管理群和督導在工作中應用 CARE 原則很重要。想建立溝通、解決問題和處理衝突的合作架構和程序，需要組織各層級的工作人員、外部的利害關係人、孩子和家庭之間建立起信任和尊重的關係。組織要實踐反思實務工作，必須要能從幾個不同的角度來檢視其工作。當組織內所有成員都能有信任、尊重和發展型關係時，反思實務的實踐將最有成效（下一頁的表 3「組織層級：關係為本」提供了範例）。

關係建立技巧：信任、尊重、真誠、同理

　　當大人要求孩子去改變他們的因應行為（coping behaviors，亦即那些一直保護、幫助他們面對痛苦情緒和創傷事件的行為）時，實際上是要求孩子承擔巨大的風險。真正的行為改變是透過大人和孩子的關係來實現。愈是需要改變的行為，背後的關係就愈顯重要。關係是人與人之間的互動，建立於人們隨時間推移所累積的相處經驗。評估孩子與照顧者關係品質的關鍵問題是：「孩子是

否體會到這段關係立基於同理、接納、尊重、理解、溫暖和鼓勵？」如果孩子與一位可信任的大人建立了發展型關係，承諾改變可能就變得不那麼可怕，也更容易做到。

表 3 | 組織層級：關係為本

層級	CARE 原則的實踐
外部組織	溝通和合作是尊重且對組織的運作方式具敏感度，並且以支持的形式提升組織的運作功能。
領導管理群	尊重、開放、合作關係，聚焦於增進員工發展和孩子的最佳利益。
督導	尊重、信任、開放的關係型態，鼓勵反思實務和督導，聚焦於優勢，並且支持個別工作者的專業目標。
照顧工作教導團隊工作	信任、正向發展關係，維持和孩子及其家庭尊重的互動，促進安全感和希望感。
孩子和家庭	正向和尊重的同儕與家庭溝通，照顧工作者以自身的同理、活動參與、合作為榜樣。

信任為基石。信任是認為某人可以依靠的信念，也是建立關懷關係的基礎。在關係中建立信任沒有捷徑。信任建立在人們彼此共有的真實經歷上。大人必須值得信任、言出必行，透過可靠、一致穩定和可及（available）的表

現，才能贏得孩子的信任。

信任是雙向的過程②。大人必須以切合實際的程度信任孩子，並且為孩子創造成功的情境。孩子需要相信大人請求自己做的事在其能力範圍內，才會願意冒著風險發展技巧。孩子需要相信，大人如果沒信心他們能做到某件事，就不會要求他們去做。透過總是要求孩子做其能力範圍內的事情，大人將為孩子學習信任大人奠定基礎，他們知道大人會將自己的最佳利益放在心上。

尊重與認可。大人透過表達關切、對待孩子如同重要人物等方式來展現尊重。尊重包括對孩子的家庭、文化、種族、社會身分和生活經驗，表達適切的接受、禮貌和認可（acknowledge）。大人可透過傾聽、肯認孩子的經驗來確認（validate）其感受、目標和世界觀。每個人都本能知道被尊重和不被尊重的感受為何。在安置照顧的兒少投訴中，不被尊重的問題尤為突出。有些孩子為了獲得尊重和維持尊嚴而走向極端，甚至不顧惜自己的生命。尊重包含了傾聽、給予選擇、考量孩子的觀點。認可就是肯認孩子的觀點。

真誠與展現真實的自己。真誠的大人是真實和一致的，他們了解自己，也誠實展現自己。這意味著要真誠，避免虛偽或陳腔濫調。孩子很擅長察覺傲慢或掩飾③。真誠和真實代表以對等的態度與孩子交談，而不是上對下。

雖然照顧工作者努力在與孩子和家庭的互動中保持協同一致，提供他們療癒的經驗，但在關係中保持真實也相當重要。這些才是真正的關係。

同理與共感（attunement）。同理心是透過他人的眼睛看世界，或是俗話說「穿著另一個人的鞋子走路」。同理孩子意味著從孩子的角度或立場去知道他們的感受，並且表達理解之意④。這需要對他人正在經歷的事夠敏感，並且理解他們的經歷、觀點和世界觀。有同理心的照顧工作者必須能關注、觀察、聆聽孩子，並且進入他們的世界，盡可能理解孩子的經歷。

照顧工作者必須傾聽孩子的故事，尤其是傾聽他們的感受、情緒和心情。當孩子說話時，照顧工作者可以了解他們的觀點、對未來的看法，以及價值觀、目標和想法。根據孩子的溝通方式，照顧工作者需要注意到動作、言語、音量、眼神，以及其他非口語和口語線索的細微變化，以此與孩子共感。

同理是雙向過程。同理的另一面是向孩子傳達理解，讓他們知道大人真的有聆聽自己。同理心要求大人仔細聆聽孩子，同時要求將他們對內容的理解傳達回去，讓孩子知道大人真的聽懂了。「你感到難過，不是因為你今晚不能去，而是因為他沒有遵守諾言。」為了發展關係，大人需要能夠：

- 傾聽和深化與孩子的互動
- 「共情關注」（tune in）孩子所說、所做、所感受
- 覺察到怎樣的感受正被喚起
- 回應孩子
- 共感（同理）孩子如何閱歷著大人⑤

　　如果大人無法與孩子共感，或是無法覺知孩子潛在的需求和感受，就會錯失即時提供有益回應的機會。每個孩子都是獨特的，擁有不同的需求、能力和生命經驗。組織的職責是提供安全與療癒的環境、眾多反應靈敏的照顧工作者與機會，幫助孩子去面對與克服挑戰、學習新技巧、投身於有意義且滿足的關係和經驗。

尋求連結

　　安置照顧的孩子可能會以極端方式表達自己的需求，例如不斷擁抱或觸摸照顧者、無視照顧者，甚至是表現出侵略攻擊的行為（aggressive behavior）⑥。關鍵是要記住，過去這些孩子曾嘗試與照顧者建立依附或連結，結果遭遇了疏忽和／或虐待。由於他們的基本需求未能被滿足，因此對世界和大人產生了負面的看法。與多數的孩子相比，他們可能需要更多的關注、認可和安慰。一旦未能得到安慰，他們可能會以侵略攻擊的方式來回應、疏遠他人，

甚至表現出漠不關心的態度。這些行為雖然會讓照顧工作者沮喪或惱怒，但都是孩子因為過去經驗而形成的保護機制。照顧工作者若能將這些行為視為對依附關係和連結的渴求，那麼一天中就有無數機會讓孩子經驗到滋養、互惠的關係。與他人建立信任關係和正向的依附，是發展社會能力的必要技能[7]。

陪孩子做，而非為孩子做

日常生活中的用餐、就寢、早晨例行作息、家務和休閒活動等，都是建立關係的機會。親身參與孩子的生活照顧是建立依附關係的基礎。坐在一起看電影、突然做一碗爆米花、協助孩子鋪床、梳理孩子的頭髮等，都是照顧工作者親身參與滿足孩子生理需求的例子。

當照顧工作者「陪」（with）孩子做事，而非「為」（to）孩子做事時，日常的簡單互動就成了建立正向依附關係和發展型關係的基石。照顧工作者應該陪著孩子玩，而不是站在一旁監督活動。在活動期間，照顧工作者可以評估孩子的能力水準，提供他們額外的學習機會，以及成功所需要的支持（漸進複雜）。透過聚焦於孩子近端發展區內的活動，協助他們面對漸進複雜的活動挑戰，照顧工作者能幫助孩子發展出新的技巧。大人可以選擇幫助孩子成功，而不是袖手旁觀，眼睜睜看他們走向失敗。這樣做也

能避免孩子因為被沉重的沮喪壓得喘不過氣，以至於無法完成任務或表現出不當行為。如果照顧工作者陪孩子參與活動，就可以更成功將活動設定在孩子的近端發展區，並且提供他們成功所需要的支持。

回應，而非反應

　　如前所述，孩子尋求依附關係的行為，代表他們嘗試努力與照顧者建立關係和依附。若照顧者將「我們什麼時候吃飯？」「我們下午要做什麼？」等問題，還有以命令口吻要求外出、拿點心、買東西等行動，視為孩子尋求依附的意圖，而不是需要處理的行為，就能以滿足需求的方式回應，也不會設法打消孩子的念頭。回應需要照顧者暫停並思考孩子可能需要什麼，而非對當下的情緒做出反應。有些人擔心在孩子出現尋求依附關係的行為時給予關注，反而會獎勵問題行為。在孩子陷入困境或焦躁時給予關注和支持，不但能強化彼此的關係，也會讓孩子覺得大人「站在他們這邊」（on their side）[8]。孩子將學到大人是可以信任的，因為他們尋求依附的嘗試，得到大人正向而非負向的回應。

關係建立的回應方法

　　孩子是否願意建立與大人的正向依附關係，根本因素

在於大人的思維和行為。當大人不斷塑造安全感、認可孩子的個別性，並且提供一種正常感（a sense of normality）時，就促進彼此信任的建立。這些重複的正向經驗形塑了孩子對照顧者的期望。孩子看見關心的大人願意接受他們現在的狀態，並且努力同理他們，相信他們的潛能。大人可以透過可及性、敏感度、接納和付出來鼓勵形成依附和發展型關係[9]。這些都是幫助孩子學會信任大人的素質。

什麼是關係建立的回應？

- 可及性：主動參與孩子的日常生活
- 敏感度：察覺、回應、保持與孩子的共感
- 接納：擁抱孩子本來的樣貌
- 付出：幫助孩子並慶祝他們的成功

可及性（availability）。孩子需要相信大人是可及的，並且隨時準備好要幫助他們。這不僅僅是在場，更是積極參與孩子的日常生活。可及和參與孩子的生活，必須對孩子和大人都是正向的經驗。在團體環境中，組織的支持至關重要，能使「可及性」做為照顧者的首要職責，確保他們能在孩子表達需要時有所回應，而不是在「適當」或方便時才去做。就算照顧者不在孩子身邊，也能透過讓他們知道「我正在想著你」（例如看到雜誌上的某張圖

片，想起孩子喜歡什麼，或是在看到孩子提過的節目時想起他們），以此傳達自己的可及性。

敏感度。照顧者需要敏銳察覺和回應孩子急切的需求，看見孩子正在經歷的壓力，並嘗試滿足這些需求來達成激發—放鬆循環。這也代表對於孩子溝通自身需求的獨特方式，照顧者需要具有敏感度。照顧者若能透過共感知道孩子何時需要點心、擁抱或安全活動，就能利用這些覺知強化與孩子之間的連結。

接納。當照顧者抱持開放的態度，接受孩子本來的樣貌並將其視為夥伴時，就促進了孩子建立自我感和發展的能力。有時為了促成正向依附關係，照顧者必須忽視不當行為、表達無條件接納，並且鼓勵孩子再次嘗試。開心享受和孩子做家務或例行活動，傳達出跟孩子在一起是很開心的事。這會帶來正面情緒，進而幫助孩子學會信任和促進福祉[10]。

付出（Investment）。當大人接納孩子、展現對孩子成功的付出時，孩子在失敗時將學會原諒自己，也會受到激勵而再次嘗試。看著孩子參加課後活動（例如運動或俱樂部），與孩子共度時光並享受他們的陪伴，傳達了個人對孩子日常生活的興趣。伸出援手幫助孩子克服挑戰，讓孩子知道他們值得享有成功需要的時間和資源。這也向孩子保證，有人相信他們可以成功。這些高期待訊息能幫助

孩子相信自己，並且對未來充滿希望。

建立個人界線

身處一段關係是一種個人經歷，能讓參與者更了解自己的價值觀、信念和情緒。照顧者需要承認，想透過和孩子建立依附和發展型關係，成為一位有效能的照顧者，需要對個人和專業成長有所承諾[11]。照顧者可以透過反思實務，覺知其生命經驗和挑戰如何影響自己對孩子的回應。與大人在關係中經歷過逆境的孩子，通常會對照顧者建立關係的意圖設置障礙。重點是不要將這視為個人問題，也不要讓它影響與任何安置照顧兒少建立關係的努力。照顧者需要確保自己是在滿足孩子的需求，而非本身被接納和連結的需要。這是聚焦於幫助孩子成長、發展和茁壯的真實與真誠關係。這是一種目的明確、滿足孩子需求的大人─孩子關係。

首要任務

溫暖、信任、回應且發展型的關係是幫助孩子成長、發展和茁壯的基礎。在孩子生活中具關懷和發展型關係的大人，能幫他們學習、練習對生活事件做出正向與適應性（adaptive）的回應。在服務孩子和家庭時，照顧工作者最寶貴的工具就是他們自己，以及他們建立起的關係[12]。對於

個人喜好和偏見如何影響與孩子和家庭的互動及關係,照顧工作者必須有所認知。

照顧工作者對孩子的想法和感受,將會影響他們如何對待孩子。當照顧者對孩子的能力有信心並相信他們,孩子也會對自己更有信心。照顧例常和日常事件都是建立依附關係的沃土。以關懷和滋養的方式協助孩子滿足基本需求,有助於建立信任關係,為將來解決困境、克服障礙奠定良好的基礎。

有了安全堡壘,孩子更可能投身於生活中的學習機會和其他關係。照顧工作者為孩子設定舞台,讓他們能提升自我效能感、變得有希望、參與新的活動。當照顧者和孩子有發展型關係時,孩子就學到信任,並且會在感到壓力和被情緒淹沒時尋求大人的協助。孩子將大人視為支持與力量的來源[13],這些都是可以促進孩子正向照顧成果的經驗和觀念。

原則二：
創傷知情

12 創傷與長期壓力

我們的思考需要從「你有什麼問題？」轉成「你發生什麼事了？」

——桑德拉‧布魯姆（Sandra Bloom）

　　進到安置照顧體系的每個孩子，都帶有其獨特的長處、挑戰和生活經驗。其中許多孩子曾經歷過被疏忽、不當對待、貧窮、學業中斷、暴露於社區或家庭暴力、文化剝奪。他們曾被從家庭中帶離；安置居所不斷變動；遭受失去朋友、親戚和摯愛的痛楚。不難預料，這些孩子通常缺乏調節情緒、建立和維持友誼、溝通和問題解決的能力，並且掙扎著應對日常挑戰和生活事件。

　　對於創傷、創傷性壓力、大腦發展，以及認知、社會、情緒和行為功能的研究，使人們對孩子的挑戰和困難行為有更廣泛的理解①。童年逆境對孩子健康和福祉的影

響也有豐富的研究成果。1998 年發表的「童年逆境經驗」（Adverse Childhood Experiences，簡稱 ACEs）②研究指出，童年逆境經驗的次數與孩子後續行為、情緒和社交困難、身體疾病有顯著的相關性。不同類別的逆境經驗愈多，發展出問題的風險也愈高。隨著神經科學研究不斷累積，我們也持續觀察到長期壓力、逆境經驗、創傷對於孩子發展的影響。研究同時也指出了孩子需要什麼才能復原和成長。

創傷是什麼？

「當內在和外在資源都不足以因應外在威脅時，創傷就此形成。」③許多人都經歷過逆境和壓力事件，例如車禍、洪災、失去親愛的人。儘管這些人多數會經驗到極大的情感痛楚，以及一段時期的混亂或功能失調，而無論是否有接受專業協助，最終他們都會恢復正常。個人對這些事件或情境的經驗，有助於認定創傷的程度。個人是否感到無力？是否感到羞愧、恥辱或背叛？事件是否有長期的影響？美國藥物濫用暨心理健康服務署（Substance Abuse and Mental Health Services Administration，簡稱 SAMHSA）對個人創傷定義如下：

由一次事件，一連串事件或一系列情況所造成，對經歷

其間的個人而言，在生理或情感上造成傷害，或是對生命具有威脅性，並且對個人的功能運作、生理、社會、情感或靈性的福祉，形成長期的不利影響④。

複雜性創傷

經歷過虐待、疏忽、遺棄、貶低，以及長期暴露於家庭和／或社區暴力的孩子，比起沒有遭遇過這些經驗的孩子，他們面臨更複雜和潛在危害的情境。早期與重複暴露於家族或家庭環境的嚴重逆境事件，對於孩子的整體發展具有深遠影響⑤。

「複雜或發展創傷」（complex or developmental trauma）一詞描述的是，孩子在原本應該感到穩定、有人會保護他們安全的地方受到了傷害，使其深陷於重複的創傷或長期壓力之下⑥。長期壓力的經驗包括疏忽和虐待。

如果照顧者理解孩子經歷過怎樣的長期壓力類型（是剝奪〔deprivation〕或疏忽，是無法掌握的危險或威脅），就可以提供更聚焦的介入方式。疏忽或其他形式的剝奪，例如缺乏互動與建立連結的機會，可能會導致認知和語言發展的遲緩⑦。暴露於危險和重複的威脅下，可能使孩子持續處於激發（arousal）和過度警覺的狀態。

分離和失落

　　分離和失落是生命的一部分。事實上，它們是孩子成長的必要部分。在每個不同的發展階段，孩子都會經歷得與失。例如當孩子學會走路時，他們獲得行動的能力，卻失去被人抱著和背著的安全感。當孩子進到學校時，他們得到了朋友，卻失去照顧者的持續關注。面對每個正常發展階段的失去，孩子會感到焦慮，但在穩定一致、關心、有能力和支持的照顧者幫助下，他們就能處理失落和分離的感覺，並且適應新的自由和機會。這是生活中正常和必要的部分，也是每個人學會分離和應對失落的方式。

　　依附、分離和失落是安置照顧兒少的主要課題。孩子與照顧者建立依附關係，然後與其分離，以及失去家庭、朋友、學校、家、寵物和物品等經驗，對於他們信任、與大人建立關係的能力有深遠影響。如果分離和失去是突如其來、無預期、戲劇化、極端和／或重複的，那就會變成創傷事件。孩子可能焦慮不堪，或是出現罪惡感、憤怒、羞恥和無助感。孩子能否走過哀悼（grieving）的歷程，取決於他們的年紀、失落的情境、整體的情緒功能，以及他們受到的支持。所有進到安置照顧體系的孩子至少會有一次失落經驗。對於照顧工作者來說，理解並回應孩子表達的失落和哀悼，這是一項極為重要的能力。

有形和無形的失落

孩子在安置照顧中經歷兩種類型的失落。有形的失落涉及物質層面（例如失去寵物、家、最愛的玩具）。無形的失落主要是情感或心理層面，而且更難以處理（例如安全感、未來、自尊、喜悅）。當孩子進到安置照顧時，他們不只失去了家庭（有形失落），也可能失去做為某人孩子、手足、孫子女的身分（無形失落）。這種失落會影響孩子形塑身分認同的能力，卻是青少年階段很重要的一項發展任務[8]。從已知、熟悉的家轉移到陌生的環境，導致孩子失去安全感和保障；不知道為什麼要與所愛的人分離，可能會引起深刻的羞愧感，覺得自己不配或有缺陷。羞愧感若持續存在且未被解決，將會對自我形象和福祉造成毀滅性（devastating）的影響[9]。

安置照顧的孩子通常有多重和重複性的失落，其中許多從未被哀悼或療癒。若失落一直沒被看見或哀悼，就會逐漸侵害身為人類的價值感（dehumanized）[10]。孩子會因此感覺自己不被重視和不配。安置照顧的孩子生命充滿了失落，而這些失落有時並未被承認。孩子的失落和痛楚經常被無視，但當他們用行動表達痛楚時，卻可能因此受到懲罰。好心（well-meaning）的照顧工作者可能在孩子還沒準備好的時候，就急於幫助他們走出失落。具敏感度的照顧工作者則會保持自己的可及性，幫助孩子哀悼失落，並

且按照他們本身的步調前行。

創傷和逆境對腦部發展的影響

根據孩子的年紀，以及逆境經驗的強度、持續時間和類型，他們的腦部發展可能會受到影響⑪。童年時期的創傷和長期壓力會改變腦部功能，而這可能與孩子是否經歷剝奪或威脅有關。舉例來說，當一個人受到威脅時，他的大腦和身體會做出反應，可能是準備要戰（fight）或逃（flee）。大腦的主要功能是感知、處理、決定行動，並且儲存來自內部和外部世界的訊息。內部狀態（如口渴或脫水）或外部威脅（如陌生人接近）都會對腦部系統產生壓力。大腦為了回應壓力或威脅，會因此調整身體的情緒（激發程度）、認知（思考方式）、生理（心跳率、肌肉緊張、呼吸頻率）狀態。就如先前所討論的，低程度壓力對孩子早年的健康發展有其必要。在激發—放鬆循環週期中，孩子因感到不適或哭泣而得到撫慰，他們的壓力便透過協同調節（co-regulation）的過程得到緩解。若有穩定一致、可及和安全的照顧者在身旁，孩子會學到如何因應、調節壓力與情緒。一旦口渴得到滿足或陌生人離開，壓力就會減緩，身體也會放鬆並回到平常狀態。這些都是大腦的壓力反應系統，能幫助人在敵對和威脅的情況下生存。這就是人類的「戰或逃」機制。

環境中戲劇化、驟然、無預期或具威脅性的變化，都會觸發腦部的壓力反應系統。如果這些事件長期持續或情節嚴重，將讓孩子的大腦和身體維持在生存模式（survival mode）。童年時期腦部仍在發育，此時若暴露於暴力、長期虐待或疏忽，即使孩子身邊已沒有任何威脅，依舊會處於持久的激發狀態。對大多數人來說無害的事件，可能會被孩子視為高度的危險。舉例來說，一個孩子（喬）在學校餐廳行走時撞到了一張桌子，這一撞導致另一個孩子（賈丹）的牛奶灑了出來。賈丹從椅子上跳起來並打了經過的喬。儘管餐廳裡其他孩子覺得這是個意外，賈丹卻認為這是喬的敵對行為。賈丹對事件過度反應，並且做出衝動和攻擊的回應行為。

創傷對生理、情緒、社會發展的影響

　　經歷過虐待和／或疏忽的孩子，可能面臨危害其正常途徑成長的威脅和挑戰。當孩子開始經歷某個發展領域的困境時，通常會連帶影響到其他發展領域，擾動他們在生理、情感和社會領域的正向發展。除此之外，其中許多孩子也處於社區暴力、欠佳的學校、資源匱乏中，並且缺少本書第 9 章提到的眾多保護因子。遭受不當對待的孩子更可能有生理障礙（感官動作發展、協調、平衡、氣喘）、情緒辨識和調節困擾、人際關係問題（依附、同儕、戀愛

關係）、自我概念和自尊低落、行為控制議題，以及學習障礙（資訊處理、語言、注意力、執行功能）⑫。由於缺乏安全和支持的關係和環境，這些孩子可能很難發展出有效因應壓力情境的自我調節方式。

情緒和行為調節

逆境和創傷帶來極為顯著的影響之一，就是缺乏自我調節情緒和控制衝動的能力。一個人若無法控制自己面對壓力情境的反應，將讓自己和他人置身於危險中。生活中充滿無數讓人氣餒、害怕、悲傷或愉悅的情況。面對強烈的情緒，經歷複雜創傷的孩子可能會過度反應或反應不足（underreact）。一些孩子可能難以消化情緒並衝動行事，另一些孩子則可能以抽離（withdraw）和疏遠（detach）來應對強烈的感受和情境。這種抽離會以不同形式表現出來，從白日夢到解離（dissociation）都有可能⑬。若是後者的情況，由於壓力情境如此難以承受與痛苦，孩子只能以麻木和事非關己的心態來避免痛苦，更極端甚至會導致失憶或意識狀態的改變⑭。

記憶的議題

大腦是一個非常複雜的系統。比起沒有情緒漣漪的事件，人們更容易記住某種程度上與情緒連結的事件。如

果感到快樂、興奮或害怕，人們往往更能回憶和記得當時的情境。如果情緒過於極端或不堪負荷，人們可能無法在事後回想起具體的細節，但如果碰到相似的情境，即使沒有明顯的威脅，也可能會觸發其壓力反應。記憶（即使是無意識層次的記憶）對孩子如何回應壓力影響甚鉅。任何對於過往創傷事件的提醒或記憶（無論是有意識或無意識的），都可能會發出危險訊號[15]。孩子面對一個視覺或聲音訊號，即使沒有下意識將其與逆境事件聯繫起來，也可能會觸發情緒和威脅反應[16]。

認知與執行功能

受到照顧疏忽和虐待的孩子，更可能出現語言和認知發展遲緩[17]。受到照顧疏忽孩子若經歷過感官和情緒剝奪，往往會在表達和接受的語言發展方面出現遲緩，進而對學業表現造成影響。經歷過虐待和照顧疏忽的孩子，可能在注意力、問題解決、計畫和學習上出現困難[18]。

13 辨識和回應——
因痛感引發的行為

那些受苦的人無法總是表現出最佳行為！降低我們的防禦心，觸及他們所在的狀態，並且無論如何都保持惻隱之心，這需要勇氣。

——圖登‧晉巴（Thupten Jinpa）

　　想像一下，一個孩子因騎腳踏車摔倒受了傷，結果因為哭泣、尖叫、尋求關注而受到懲罰。任何一個有理智的大人都不會這樣做。然而，很多孩子在學校、家中或安置照顧中，卻因為表達自己情感上的痛楚而遭受懲罰。沒有孩子應該因生理或情感痛楚所引起的行為受到懲罰。這樣做是在孩子已經承受的痛苦上施加更多的疼痛，只會增加更多傷害。

痛感引發的行為

詹姆斯・安格林博士曾在針對 10 間團體照顧機構（group care facilities）深入研究後，指出許多安置照顧兒少的情緒和行為議題，屬於「痛感引發的行為」（pain-based behavior）①。暴露於創傷和毒性壓力（toxic stress）下，會影響孩子如何思考、感受、行動，以及如何調節其生理系統。痛感引發的行為有許多形式，包括衝動的爆發（impulsive outbursts）、攻擊行為、逃跑、自傷、對立反抗、退縮、僵化。這些痛感引發的行為之所以被觸發，通常是因為孩子感到失控、創傷被喚起（有意識或無意識）、懼怕、感到威脅或脆弱、心裡沮喪或不堪重負。孩子將因此進入危機和生存模式，無法自我調節，甚至不能協同調節自己的情緒或管理行為②。照顧工作者需要能評估行為背後的情緒，並且用符合孩子當下需求的方式來回應，協同孩子調節他們的情緒③。如何才能回應孩子心理和情感上的痛楚，卻不會對他們造成更多痛苦經驗，這是照顧工作社群極大的一項挑戰。

孩子以自己最會的方法應對創傷

在面臨威脅的情況時，孩子的正常反應是尋求成年照顧者的協助。如果孩子沒有得到回應（例如照顧者毫不在意、無回應、被威脅嚇到，甚至照顧者本身就是威脅），

孩子很快就會放棄這個方法，通常會轉為對威脅做出過度或不足的反應④。

有時孩子可能會重演（reenact）創傷事件。這或許會在遊戲、繪畫、行為上表現出來。有些孩子（尤其是年幼的兒童）會進行具有重複性質的遊戲，重複自己經歷過的創傷。例如一個孩子在扮家家酒的時候，可能會重複懲罰孩子，或是一遍又一遍述說關於某「事件」的故事。這樣重演情境可能是想對其獲得掌控。在壓力情境下，孩子也可能經歷創傷「再現」（flashback）或反覆出現的記憶。孩子感覺自己當下似乎正重複經歷著創傷事件。有時孩子會對與創傷事件有關的氣味、聲音、觸摸產生極度的負面情緒。他們可能會做惡夢或難以入眠。

受創的孩子如何回應感知到的威脅

- 透過再現和重複的回憶重演創傷事件
- 反應不足：抽離、僵住
- 過度反應：變得有攻擊性、反抗、固執

反應不足的孩子可能會解離，變得疏離、情緒麻木、順從，通常有心率降低的情況。他們往往會從現實情境脫離，專注於內在刺激。本質上就像兔子，在感覺危險的時候出現凍結反應。這些孩子看起來可能像被擊敗或處於白

日夢狀態。他們表現出迴避行為，其實可能是因為在威脅情境下無法動彈。他們或許會經歷到短期記憶喪失。

至於過度反應的孩子，最初會經歷一種警覺反應，從焦慮逐漸上升為害怕，最終累積為恐懼。如果這種反應被反覆觸發，最後即使孩子在沒有威脅的情況下，大多數時間仍會感到畏懼。

這些孩子很容易再次受創，幾乎對任何情境都可能感受到威脅。他們往往變得具攻擊性、操弄、反抗、對立、固執。這些孩子因此難以建立關係，不容易自我冷靜、自我安撫，還可能有其他行為和情緒問題。

能量和支持的來源

費尼和柯林（Feeney and Collins）[5]將那些在逆境中提供增強能量、帶來安撫和保護、充滿關懷且值得信任的大人，形容為「能量來源的支持」（Source of Strength [SOS] support）。如果大人要幫助孩子克服逆境並成長，就需要成為本書第 10 章提及的安全避風港和安全堡壘，提供孩子免受壓力負面影響的防護墊。已有研究證實，正向的情感關係是提升心理韌性極重要的外部保護因子之一。大人想要提升孩子的心理韌性，可以透過給予情緒支持、幫助孩子解決問題等方式，提供他們所需的情緒和環境支持，得以減輕壓力並練習因應挑戰的技巧。透過幫助孩子

克服困境，大人可以幫助他們將挑戰和問題視為學習的機會；透過聚焦於孩子的長處和能力，大人可以幫助他們提升自我效能感，以及學習、成長、達成目標的動機[6]；透過保護孩子避免在未來受到不當對待，大人可以預防他們再次受創。

辨識和回應痛感引發的行為

照顧工作者可能透過反思實務培養能力，讀懂孩子的行為，並且看到他們行為背後的動機、意圖和感受[7]。理解孩子挑戰行為隱含的意義，有助於照顧工作者做出有效的回應。

痛感引發的行為有許多種形式，最常見的是衝動的爆發、攻擊行為、無法容忍不確定性或模糊地帶、人際疏離或逃跑、過分依賴和自我傷害。

每個孩子都有自己獨特的觸發因素；有些他們可以自覺，有些則不然。協助孩子辨別其觸發因素，能幫助他們對壓力情境有所準備並加以避免。孩子正在做什麼？孩子現在看到或感受到什麼？對照顧工作者來說，回答這些問題有助於辨別痛感引發的行為。利用以下列舉的策略，照顧工作者有許多機會幫助孩子管理這些感覺和行為，並且促成正向的改變。

回應痛感引發的行為的策略

- 提供安全避風港和庇護所
- 注意觸發因素、重演或再現
- 傾聽孩子和協同調節情緒
- 給予孩子選擇和掌控感
- 透過討論和問題解決，教導孩子情緒表達和衝突處理

提供安全避風港和庇護所。就如第 10 章所討論的，孩子必須要感到安全，才能集中注意力、專注和學習[8]。身處於安全、熟悉、可預測、有秩序的環境，並且有信任的大人陪伴，會讓孩子感到安全及減輕壓力[9]。提供安全和舒適的環境，可以讓孩子表達自己的負面情緒，並且支持他們學習因應困境。

注意「重演」和再現的觸發點或信號。為了預防痛感引發的行為，關鍵在於辨識孩子的行為模式和導致壓力反應的觸發因素。在某些情況下，孩子可能正在重演創傷事件，或許會表現出權力競奪（power struggle）、無法解釋的哭泣、攻擊行為。一旦發生這些情況，照顧工作者需要避免身陷在衝突循環（conflict cycle）或轉為反向攻擊（counter-aggressive）。照顧工作者如果以憤怒回應，只會增加孩子的焦慮，還可能想起早先的創傷經驗。關鍵是給予孩子支持和安撫。

傾聽孩子和協同調節情緒。孩子需要討論哪些事令他們心煩。大人則要傾聽孩子並與之共感，幫助他們協同調節情緒。孩子可能需要不斷討論、消化相同的感受和事件。即使在經歷創傷多年以後，孩子可能仍很難理解自己為何被拒絕、遺棄、虐待、疏忽。若大人能尊重傾聽並同理的回應孩子，將有助於他們調節情緒。鼓勵孩子在安全和支持的環境中表達負面感受，可以幫助孩子盡可能理解創傷事件。這不是治療，而是以傾聽的方式去理解，幫助孩子減低感受的強度（協同調節）。

　　給予孩子選擇和掌控感。當孩子感覺自己失去掌控時，就會感到無力和脆弱。這通常會導致壓力反應。若孩子有發言權，並且被賦予控制和／或選擇，則會感到更加安全和舒適⑩。

　　透過討論和問題解決，教導孩子情緒表達和衝突處理。學會調節情緒和解決問題的重要技巧，可以促進孩子的健康發展與自我掌控感。當孩子覺得自己失去掌控時，就會感到無力和脆弱。協同調節、認可感受、給予選擇、提供支持，都有助於孩子更清晰的思考，並且做出更適應性的反應。一旦孩子能減緩情緒強度並自我管理，照顧工作者可以協助他們解決問題和處理衝突。擁有控制權和解決問題的能力，能讓孩子期望更好的未來。

　　協助孩子理解過去、發展自我調節技巧，以及對未來

保持正向，這些都有助於孩子克服逆境。雖然來自過往的痛苦可能永遠不會消失，但如果孩子擁有愈多技巧和能力去處理過往的傷痛，就會對未來愈樂觀。要提升孩子做出正向改變的意願，未來感（future orientation）與希望都不可或缺。

14　實踐創傷知情原則

人類的任何事都可以言說，任何可以言說的事都更容易
應對。當我們能談論感受時，感受將變得不那麼難以承
受、不那麼心煩、不那麼可怕。我們信任的人在重要的
談論中，可以幫助我們知道自己並不孤單。

——弗雷德・羅傑斯（Fred Rogers）

當創傷讓我們驚嚇到說不出話時，走出創傷的路徑卻是
以言語鋪成。

——貝塞爾・范德寇（van der Kolk）

　　任何人都不應該暴露於因難以承受而引發創傷的事
件；然而，許多安置照顧的孩子都曾被這種經歷影響。其
中一些孩子不只在家中遭受虐待和疏忽，同樣在社區、學
校、媒體中經歷著暴力。孩子以各種方式表達創傷帶來的

痛苦，也就是痛感引發的行為。這些行為可能透過攻擊行為、解離等方式表現出來。倘若想提供創傷敏感照顧，幫助孩子克服深陷於逆境經驗的影響，整個組織從上到下都需要具備創傷知情。

創傷知情組織

為了支持和促成創傷知情的照顧服務，創傷知情組織透過其政策、程序、實務，辨識並回應逆境和創傷對孩子及其家庭的影響①。具體來說，這涉及確保工作人員：

- 理解創傷是什麼，以及它如何影響體系內所有個體（例如孩子、家庭、工作人員）和體系本身
- 能辨別孩子、家庭和工作人員過去或現在的創傷，在什麼情況下會反映於其行為模式
- 知道如何透過安全、信任、支持、合作、自主的方式做出回應並與孩子和家庭互動，避免再次受創。
- 對孩子獨特的觀點和情況保持敏感

如果組織各層級在各自的角色實踐創傷知情原則（見下一頁的表4「組織層級：創傷知情」），為孩子最佳利益而達成協同一致的努力便會深化。

表 4 | 組織層級：創傷知情

層級	CARE 原則的實踐
外部組織	透明、以建立信任為目標的協商。準則和實務能回應不同的種族、族裔、文化，也支持不同的社會身分認同。
領導管理群	政策和實務塑造一種生理、情感和文化安全的組織文化。透明的決策，聚焦於與所有工作人員、家庭和孩子共享權力。
督導	督導為照顧工作者提供安全的場域，讓他們能反思自己的工作，並且參與合作取向的決策和問題解決，同時提供必要的支持和資源，以便因應和理解工作中潛在的情緒負荷。
照顧工作 教導 團隊工作	日常例行事務和作息、期待和活動是可預測的，並且規畫上要能減緩壓力程度且避免觸發事件。能夠提升安全感的人際互動。
孩子和家庭	孩子和家庭感到安全，投身在新的互動模式、發展新的技巧。家庭共同參與決策和目標設定。

創傷知情取向

有鑑於多數安置照顧的孩子都經歷過高強度的創傷事件，創傷知情取向的照顧和處遇能符合孩子的最佳利益。想要遵循創傷知情取向，那麼所有方案、活動、服務和關係，都需要考量到壓力、失落、創傷對孩子發展的巨大影響。如果組織採行創傷知情取向，就能形塑鼓勵正向改變、極大化優勢、極小化劣勢的療癒文化[2]。組織的環境、

方案和互動能減緩創傷對孩子生活的影響。

安全與關係

　　為孩子建構安全的場域，讓他們能「卸下防備」、信任大人、學習如何成功應對生活事件，這些都是創傷知情取向的根本。理解孩子在說什麼，能幫助照顧工作者認識到，孩子心中的安全不只是免於生理傷害（例如虐待或剝削），也包括感受到安全③。相關研究指出，如果孩子和成年照顧者有高品質關係，他們會感到更安全④。對經歷過複雜創傷的孩子來說，獲得關係的安全非常重要。

塑造創傷知情的文化

　　安全（包括生理和情感層面）是童年時期的本質，就如之前所述，大人若能持續關懷並滿足孩子的基本需求，他們就無須擔心食物、住所、衣物或身體安全。如果大人以尊重的方式溝通並肯認孩子的情緒，就能增強他們的情感和心理安全。以對話而非爭論來建立信任關係、處理衝突和令人害怕的情境，可以增進社交的安全感，並且提供了一個支持環境，讓人們能看見和認可彼此的遭遇。對多元、平等和包容的支持，營造了充滿文化謙卑和自我反思的人際互動，進而提升文化安全感。組織中的每個人都需要有足夠的安全感去做正確的事，並且做出以價值信念

為本、相互尊重的決策。就如第 8 章所述，支持型組織鼓勵、支持一種關係型態，能夠讓照顧工作者和孩子以惻隱之心回應彼此，進而減緩壓力和焦慮。關鍵在於提供一個安全和冷靜的環境，讓經歷過創傷和長期壓力的孩子，以及相關照顧工作者的需求可以得到滿足。一些具體實踐的方法包括：

建立穩定一致、可預測的生活結構（structure to the day）。安排穩定一致（consistent）用餐、就寢、做作業、活動、例行事務（routine）和做家務的時間，提供可預測性與安全感。經歷過複雜創傷的孩子通常生活在混亂、不可預測的環境中，也因此產生恐懼和失控感。可預測的日常作息有助於重建安全感和保障[5]。當有新的或不同的活動時，最好提前告知孩子並解釋改變的原因。了解情況並參與決策的照顧者，可以避免看起來缺乏組織、困惑或焦慮。孩子需要感覺大人能「掌握全局」，因為這會傳遞一種秩序和安全感。照顧工作者同樣需要可預測的工作結構，才得以穩定一致，並且向孩子傳遞這份秩序感。家庭需要與照顧工作者進行開放和一致性的溝通，確立他們身為孩子日常生活重要夥伴的地位。

提供安全堡壘。當孩子感覺受威脅或害怕時，他們需要一個有依附關係、可以尋求安撫和保證的大人提供安全堡壘[6]。照顧工作者若能與孩子發展出正向依附和關懷的關

係，並且以身作則展現尊重和惻隱之心，孩子就會信任、仰賴他所提供的安全堡壘。當照顧工作者和孩子互相傾聽時，他們的關係將進展為一個安全避風港，得以在其中討論難受的情感和情況。如此一來，孩子和照顧工作者都能在生理、情緒和文化上感到安全。照顧工作者同樣也需要其督導提供安全堡壘，這樣他們才得以為孩子創造相同的體驗。

提供重複的正向經驗。有注意力、衝動控制和記憶困難的孩子，可以從預演和練習新技巧中獲益。他們也會從成功和正向的互動中獲得激勵。在設定期待時，關鍵是確保它們落在孩子的近端發展區內。有創傷經驗的孩子通常很難適應不同的情境和任務⑦。在有明確期待、規則和限制的結構化環境中，對孩子和照顧工作者都有益處。

避免可能會觸發孩子壓力反應的活動和情境。如前所述，照顧工作者必須小心避免孩子再度受創，並且保護他們不再遭受虐待。由於孩子可能曾接觸或經驗過創傷事件，在挑選電影、書籍、音樂和活動時，小心避開暴力影像至關重要。如果活動對孩子造成困擾或再次創傷，最好停止或調整活動，避免激化升高（escalating）。當孩子受到觸發並出現創傷壓力反應時，照顧工作者可能需要督導的支持和協助，彙整討論情境並從中學習。

塑造創傷知情的文化

- 建立穩定一致、可預測的生活結構
- 提供安全堡壘
- 提供重複的正向經驗
- 避免可能會觸發孩子壓力反應的活動和情境
- 提供能促進未來感的活動，例如創造遊戲、園藝、照顧動物和他人

提供能促進未來感的活動，例如創造遊戲、園藝、照顧動物和他人。經歷過複雜創傷的孩子很可能有終絕性的思考模式（terminal thinking）和絕望感。終日與危機交手並努力生存，使孩子很難看見未來。希望和樂觀是維繫整體福祉的內在保護因子。當孩子參與選擇和計劃活動時，他們會開始思考未來。照顧動物或其他人可以讓孩子有使命感，並且關注別人的福祉。為孩子創造玩耍、設計、重新想像生活的機會，可以增強他們的未來感[8]。照顧工作者需要幫助孩子夢想、想像一個更好的未來，並且預想自己要成為怎樣的人[9]。

照顧工作者可以透過建立結構和穩定一致性、提供安全堡壘、預先討論期待、避免有壓力的活動、提供重複的正向經驗，以及提供具未來感的活動，為孩子塑造一個安全、可預測和信任的文化。

原則三：
家庭參與

15　家庭參與的重要性

安置的回憶讓人模糊不清，因為隨著年月流逝，沒有人可以一起回憶它們……家只是一組回憶，讓一群人在一生中不斷爭論、澄清或回想，是嗎？如果沒有人因在乎而去爭論、澄清或回想那段記憶，那它是否發生過？

　　　　　　　　　　　　—— 萊恩・西塞（Lemn Sissay），

《我的名字是為什麼》（My Name Is Why）

　　每個孩子都有權利擁有名字和國籍，知道其父母和家族，並且保存其血緣的身分要件；這些權利皆揭櫫於《聯合國兒童權利公約》第 7 條和第 8 條之中[①]。此處的家族指涉最為廣義的範疇，包括親屬網絡（kinship network）。

脆弱家庭

　　許多安置照顧的孩子及其家庭都曾面臨種族主義、

偏見和無力感。他們通常來自貧窮、弱勢和創傷的背景。這些脆弱家庭也許由於家庭暴力、物質濫用、精神疾病、身心障礙或各種其他原因（包括健康和福利困境、流離失所、財務困境等），所以很難照顧他們的孩子②，還可能因此遭遇到羞辱和批判。

家庭和服務機構之間存在著不可否認的權力失衡。機構的一些做法（例如突然或過度監督的探視、拒絕提供訊息、缺乏透明度、以偏頗或有害的方式描述家庭狀況）可能會加劇權力失衡，對服務機構和家庭的合作造成挑戰③。專業工作者和機構如何對待一個家庭，決定了家庭是否願意尋求協助，並且與照顧自己孩子的人合作。專業工作者若想有效與父母和家庭建立夥伴關係，需要理解文化、生活事件、社會身分對孩子、家庭和社區生活的重要性和意義。照顧工作者和其他工作人員缺乏敏感度的處遇介入、責備文化、不尊重的互動，將會讓家庭感到困惑、敵對、憤怒和被貶低。

家庭的重要性

當照顧工作者傾聽安置照顧孩子的心聲時，就會理解在孩子的想法、行動和日常生活中，他們父母、手足、家人、朋友、社區成員的影響至關重要。多年累積的研究表明，家庭聯繫和參與能夠提升安置照顧的服務成果④。就如

第 9 章所述，與親生父母保持規律的聯繫，是形塑心理韌性極有影響力的保護因子之一[5]。家庭聯繫和參與也和孩子在安置照顧的穩定性有關[6]，可以促成更佳的行為結果、提高學業表現[7]，並且產生更正向的長期影響[8]。如果服務機構維持孩子與家庭的聯繫，就算是彼此分離，孩子也不會感覺被自己的家庭拒絕或遺棄。長久以來，照顧工作者一直知道家庭參與和社區聯繫，對於預測孩子的福祉，以及他們能否成功返回家庭和／或社區至關重要。基於這些理解，服務機構必須盡可能敬重、強化這些依附連結。不論孩子是否會再回到原生家庭，家庭永遠是孩子生命中的重要影響因素。對孩子來說，家庭是持續存在的現實，也是他們不斷成長和發展的基礎。

形成身分認同

身分認同是人們對自己的看法，並因此影響他們與別人互動的方式。身分認同與一個人的歸屬、自尊和自主權息息相關，也是影響孩子心理韌性和福祉的主要因素。形成身分認同是孩子必要的發展任務（更多的討論請見第 20 章）。無論是否計劃讓孩子重返家庭，保持與家庭的聯繫有助於孩子維持對家庭的歸屬感，也是定義他們身分認同的關鍵。

> 無論是否計劃讓孩子重返家庭，保持與家庭的聯繫有助於孩子維持對家庭的歸屬感，也是定義他們身分認同的關鍵。

文化認同

　　種族和文化是界定身分認同的根基。照顧者和工作人員的種族文化背景，通常與安置照顧兒少的種族和文化背景不同。如果孩子的文化受到忽視，他們將因此感覺被貶低。盡可能讓父母和手足參與孩子的生活，有助於維持這些連結。

　　在照顧孩子的過程中，關鍵在於如何讓他們的家庭參與其中，協助建立發展、行為和社會認同的連結⑨。若想讓孩子得到最好的照顧，就必須讓他們維繫與家庭的親密連結，因為家庭的文化背景是他們體驗生活的基礎。

　　在態度和作為上，應該要鼓勵資訊分享，並且展現多元的文化價值。如此可以提供孩子和大人文化的安全感，進而從許多成長和理解的機會中獲益。照顧工作者若想要有效幫助來自不同背景的孩子（包括種族、階層、族裔、宗教、性傾向和性別），就必須努力讓自己具備文化回應能力。從其他族群的觀點來理解該族群⑩，這是一種後天習得的能力。

支持孩子與家庭的長久依附

　　家庭是每個人生命中最重要且長久的依附。幫助孩子在與家庭的依附上感到安全，就增強了他們與家庭的連結感和福祉[11]。照顧工作者想支持這樣的依附關係，可以為孩子安排機會，讓他們接觸和／或了解與親生父母、手足和家族有關的資訊和知識。無論分離的原因為何，對缺席的父母和手足有充分和正面的了解，可能增強孩子的連結感和福祉[12]。

16　實踐家庭參與原則

在各種可以想到的方式中，家庭都是我們與過去的連結、通往未來的橋梁。

——艾利斯·哈利（Alex Haley）

　　愈來愈多研究證據指出，如果家庭能參與孩子的照顧，安置照顧的服務結果將會因此提升[1]。當孩子與家庭有規律和高品質的聯繫時，無論他們是否會重返家庭，都能得到正向的長期成果。若照顧工作者和家庭有正向與合作的關係，家庭更有可能參與孩子的照顧[2]。家庭參與也是深植於專業、倫理、法律和理論的根本原則[3]。

與家庭成為夥伴

　　讓家庭成為孩子安置照顧和治療的合作夥伴，始於同理心、理解、尊重。如果照顧機構要與孩子家庭保持並強

化連結，就需要主動邀請家庭參與組織的各個層面。「家庭參與」意味著在孩子的照顧和治療決策中，孩子和家庭都是積極主動且有意義的參與者（見下一頁的表5「組織層級：家庭參與」）。孩子和家庭在審視、評估組織政策和服務上有其作用。這有助於服務機構更多回應孩子和家庭，並且更尊重他們的個別性。想要向包容邁進，需要以尊重、信任、文化謙卑為基礎的誠實和開放關係。這需要工作人員、服務機構和家庭之間建立真正的夥伴關係[4]。舉例來說，機構可以邀請家庭烹煮一頓特別的餐點、參與計劃會議，或是出席社交活動和球賽。

家庭參與實踐

比起假設處遇介入和治療能適用於所有文化，照顧工作者更需要根據孩子和家庭獨特的需求（例如不同的家庭型態和生活方式）而有所調整[5]。無論照顧工作者在服務孩子和家庭的角色為何，關鍵是他們必須不斷努力維持家庭聯繫，以及與孩子文化及社區的連結。實踐家庭參與的方法包括[6]：

- 在可能的情況下，讓安置照顧兒少保持並強化與父母、家庭、社區的聯繫
- 促進並積極支持家庭成員參與孩子的日常生活

- 提升家庭成員和所有負責照顧孩子者的夥伴關係，並且在服務成果、計畫、決策中共享責任

表 5 | 組織層級：家庭參與

層級	CARE 原則的實踐
外部組織	點出權力的不平衡，挑戰不公義。家長和家庭的權益倡導是安置照顧體系的一部分。
領導管理群	家庭和孩子參與政策審視和發展、方案與服務的設計和執行。文書資訊中的用詞和態度，對於家庭的觀點具敏感度。
督導	督導、社工和臨床工作者協助訊息轉譯。當困難情況或資訊被分享的時候，花時間協助家庭和孩子去理解，並在過程中提供相關支持。
照顧工作 教導 團隊工作	花時間與家庭建立信任，促使他們參與日常決策和活動，並且尋求他們對孩子的觀點和了解。
孩子和家庭	孩子和家庭尋求指引和支持。他們信任照顧工作者和其他的專業人員。

當組織與家庭保持夥伴關係、鼓勵資訊共享、創造個人聯繫的機會、促進決策和日常活動的參與時，就是對孩子的身分認同和歸屬感表達尊重。這將有助於孩子正向發展和成功的結果。

強化孩子和家庭的連結

當照顧工作者努力為「改變孩子的生活」創造條件時，也需要營造讓孩子和家庭維繫、強化關係與依附的條件。即使沒有讓孩子返回家庭的計畫，這仍對孩子的身分認同和福祉非常重要。

組織和照顧工作者需要支持家庭成員（包括父母、手足、祖父母、堂表兄弟姊妹等）參與孩子的日常生活。無論是提供一起用餐的機會、參加慶祝活動、購物、看醫生、玩遊戲、散步，還是參與各種日常與例行活動，都有助於家庭維繫、強化與孩子的關係。有趣和放鬆的家庭時間，能為所有人帶來正常感。

促成全面性的參與

納入家庭（family inclusion）是父母與家庭積極、有意義的參與孩子的生活。這需要開放、溫暖、專業的關係，旨在與工作人員和照顧者建立平等。其基礎為尊重和信任。

— 澳洲安置兒少家庭支持組織

FISH（Family Inclusion Strategies in the Hunter, Inc.）

組織及其工作人員是否展現對家庭參與的承諾？每個人是否在組織運作的各層面，以及孩子照顧和治療的重要

面向，有目標的促成家庭參與？每個人是否在孩子的照顧服務和治療工作上，將父母和家庭視為真正的合作夥伴？

當機構與父母和家庭合作為孩子提供照顧服務時，家庭會參與方案的設計、照顧和治療計畫的制定、日常活動的決策；從開案至結案，家庭都全面參與；機構會找出所有可能影響合作的原因，並且採取適當行動來克服這些阻礙。這些行動可能包括提供交通運輸、花時間建立信任、為家庭指派專業的家長聯絡人，或是調整會議、活動的時間，以便讓家庭可以出席。

有時機構需要向外部組織強力倡議家庭參與。支持家庭投身成為孩子生活中的照顧夥伴，可能也意味著為了家庭的權益而向其他組織進行倡議。

同樣重要的是，機構內每個人如何與父母和家庭成員互動。他們是否受到尊重？他們的痛苦是否被看見？我們也許無法理解他們不斷被評估和評判的處境。但重要的是與他們並肩合作、關心他們的福祉，並且建立起尊重他們信任和脆弱的關係⑦。

有時，與其他家庭建立網絡，以及受到同儕倡議者或家庭聯絡人支持，能讓家庭獲益良多。當孩子和家庭對治療處遇表達意見的時候，他們可以提供重要的文化脈絡。這對於發展計畫、設計活動和處遇尤為重要。

責任和決策共享

當責任和決策真正共享時，家庭探視孩子或出席會議不會被當做客人或外人。家庭成員決定誰是家庭團隊的一份子。工作團隊會透過共識做出決策，視家庭為其孩子大小事的專家。想要有效減少孩子返家探視或實際結案返家的相關風險，應該從孩子進入安置照顧體系開始，在家庭、照顧工作者、相關專業和社區資源間開放討論⑧。這讓共同決策和共享責任變得可行。

組織的文化、政策、和實際工作，影響其支持或阻擾將孩子和家庭納入服務方案的各個層面。當孩子和家庭充分知情，並且能參與那些影響他們生活的決策時，就會成為療癒過程的一部分。

原則四：
發展焦點

17 人類發展的生態學

人類心理韌性的發展，無非就是健康人類的發展過程。
—— 邦妮·貝納德

　　所有孩子都需要發展機會，透過日常的生活經驗，孩子發展出歸屬感、信任、能力和自主性。安置照顧中的孩子不僅想要歸屬、依附、能力精熟（mastery）、獨立，還想要「正常」（to be "normal"）。詹姆斯·安格林在其針對團體家庭照顧的研究中指出，安置照顧兒少常表達的共同渴望是建立一種「正常感」（a "sense of normality"）①。參與每天日常生活和例行活動，為孩子提供健康成長和發展的機會。就如第 3 章所述，療癒照顧的一項主要目標，就是為孩子提供最佳的社會、生理、情感環境，幫助他們成長、發展和茁壯。

發展與心理韌性

所有孩子成長和發展的基本需求都一樣。安置照顧兒少因為其獨特的生活經驗，往往需要更多、更有目的性的支持和機會，協助他們發揮與生俱來的成長和發展能力。正如第 9 章中所討論的，有關心理韌性的研究指出，個人的優勢和能力，與健康發展、成功生活極其相關[2]。這些優勢包括關係和依附建立的技巧、情緒調節技巧、社交能力、問題解決技巧、自主和自我效能感，以及感覺生活有目的和意義。透過常態發展歷程，以及與環境正向和支持性的互動，孩子得以發展這些優勢。心理韌性並非特殊的恩惠或天賦，而是來自每天、日常的發展機會。每個孩子天生都有能力去發展關係、解決問題、建立正向的身分認同和自主性、對未來抱有希望，並且找到他們生命中的意義。擁有環境中的保護因子和成長經驗的機會，孩子即使面對逆境，也能過上滿足和成功的生活。

在一個滋養的環境中，孩子天生的發展能力得以被激發。滋養的環境能滿足孩子歸屬、安全、自主和能力感的需求，塑造對未來的希望感。營造滋養環境和保護因子的具體要素包括：關懷和支持的關係、高期待訊息，以及參與和付出貢獻的機會[3]。

滋養環境的要素

- 關懷和支持的關係
- 高期待訊息
- 參與和付出貢獻的機會

關懷和支持的關係。關懷和支持的關係包括依附、有目的的互動、接納，這不僅是健康發展的關鍵，也提供了讓孩子茁壯成長的環境。孩子透過這些關係感到安全、受保護及支持，這些都是培養心理韌性的關鍵。

高期待訊息。為了創造結構和安全感，大人不僅需要告訴孩子明確的期待，也要傳達相信孩子能成功的信念，提供孩子相信自己能實現希望和夢想的基礎。在生活中遭遇過困境的孩子往往會產生絕望感。孩子如果被視為有能力的人，將有助於他們建立起自我效能感，並且滿足自我實現。

參與和付出貢獻的機會。協同活動、做決定、創意嘗試、問題解決、討論、反思、付出貢獻和幫助他人等機會，為孩子提供發展技巧、正面身分認同、正向未來感的機會。孩子透過實踐、參與成功的學習機會來學習。服務他人並從中獲得意義感，任何文化都視此為健康成長和發展的表現。

正向發展的普遍性需求

　　發展具有目的性。孩子努力嘗試理解他們周遭的世界，並且為了滿足需求而適應其中。在一定程度上，孩子如何發展受到外在的影響。孩子在環境中主動成長和發展著④，環境脈絡很重要。在西方、原住民和東方文化中，發展和學習理論研究探討人類發展的眾多面向。這些關於心理韌性和兒童發展的大量研究，對於健康成長和發展最重要的要素存在共識。孩子成長是為了達到能力的培養和精熟、尋求依附關係和歸屬感、增進自主和自決，以及找尋自己的目的和貢獻的方式⑤。不論生活地點、性別、年紀或社會身分認同，每個人都具有普遍需求，滿足這些需求有助於邁向健康和滿足的生活。

　　能力培養和精熟。發展的目標是培養能力和成就。孩子之所以發展和學習，是因為被精熟新技巧、提升自我效能感的愉悅所激勵。當孩子因成功而感到自豪時，他們會更傾向積極參與環境，並且渴望從中學習。

　　依附、關係、歸屬感。從出生到終老的過程中，人際關係和與他人的聯繫，提供了孩子所需的情感基礎，使他們感覺安全、被關懷、被接納、被愛。在幫助所有孩子和大人成長茁壯方面，有意義的關係極為重要。

　　自主、獨立、自決。孩子對自主的需求從生命初期就已存在，希望能控制自我、做出選擇和決定，以及變得獨

立。一個自主的人會有能力控制自己的情緒和行為，並且可以依循自己的價值觀和利益做出決定。擁有目的感有助於形塑身分認同、賦予希望、尋求超脫自身之外更具意義的事物[6]。

這賦予了生命的意義。當孩子為他人付出並關注他人的福祉時，他們會感覺到與他人有更深的連結，也對自己感覺更為正面[7]。

正向發展的普遍需求

- 能力培養和精熟
- 依附、關係、歸屬感
- 自主、獨立、自決
- 目的、慷慨、靈性（spirituality）

發展理論

發展理論提供關於孩子如何發展、人們為何隨時間改變、什麼因素影響發展的解釋，指引照顧工作者理解自己所見和所經歷的事，以及可以為孩子正向發展成長提供什麼幫助。

一部分的發展理論致力於解釋社會和情感發展，並且闡述人們的動機與行為方式的原因[8]。另一部分的發展理論則解釋人們如何發展出思考、歸因和溝通，並且形成道德

和倫理信仰[9]。

　　發展理論也提供關於人類發展的複雜資訊，說明我們的身體、生理和認知狀態如何受家庭、他人、環境、文化影響[10]。不同的文化脈絡和社會影響，可能會讓大人以不同的方式養育孩子，因此影響了孩子的發展。

發展領域

　　發展心理學文獻界定了許多不同的領域，用以描述發展的各個面向，包括認知、語言、社會、情感、精神、身體、性別、道德、倫理、靈性（spiritual）。

　　雖然每個領域界定出孩子發展不同的部分，但它們相互關聯，一旦某個發展領域的狀態有變化，就會影響到其他領域。倘若照顧工作者能對每個發展領域有更深入的了解，就能在解決問題和提供機會方面做好準備，促進個別孩子在跨領域上的發展，而非著眼於單一領域內的發展。

　　如此意味著照顧工作者關切孩子全人的成長和發展。照顧工作者需要記得，神經發展和功能的變化是人類自然且珍貴的一部分[11]。下一頁的表 6「發展領域和影響」描述了不同成長和改變的一些具體面向，以及不同領域中可能產生的影響。

表 6	發展領域和影響

生理／性別：生理變化包括體型、力量、粗大和精細動作技巧、協調、平行、感官的發展。性別發展包括性意識、性好奇、荷爾蒙變化和青春期。
影響：營養、疾病、疏忽、醫療條件，還有練習、觀察、接受動作技巧指導的機會，都影響生理發展。此外，媒體、文化和不當對待的經歷都影響性發展。

認知／道德：認知發展涉及人們如何獲取、組織和學會知識，包括語言、思考、決策、問題解決、創意和探索。道德發展是人們如何發展出對錯觀念，以及對待他人的態度和行為。
影響：孕期護理、營養、遊戲、刺激、創傷、教育機會、文化、文化知識、家庭、大人與孩子的互動、以身作則、社會規範，都影響認知和道德發展。

社會／情緒：社會—情緒領域包括：理解和控制情緒、同理心、合作、建立關係、自主、自我感、自我效能感和身分認同。情緒和認知是交互關聯的過程。
影響：與照顧者和大人的密切關係、回應的照顧、同儕關係和互動、發展能力的機會、文化、壓力、創傷、混亂的環境，都影響社會和情緒發展。

發展任務

　　照顧工作者通常用哪些普遍標準來判斷孩子的成長和發展狀況？一般對於成長和發展的預期，是根據發展任務或里程碑來設定。多年來的研究已經辨別出兒童、青少年、成人邁向成功生活所需的具體發展任務。這些發展任務通常會在生命可預測的時期出現。照顧團體不僅要了解發展里程碑，也必須討論組織該如何支持神經變異性（neurodivergent）的孩子，以及他們的生命經驗對典型發展軌跡有什麼影響。當每個人理解個別孩子如何發展時，就能更有效的支持孩子健康成長和發展。若照顧團隊能認

知到，人類發展是個人和環境間動態交互的結果，每個人都會更加理解：發展是一個深受環境影響的連續過程⑫。

第 171 頁的表 7「發展任務」，列舉孩子不同年齡的發展領域與相對應的發展任務。在每個不同的年齡階段，孩子都有需要達成的發展任務。環境中任何阻礙孩子發展的因素，都可能會影響之後的發展。照顧工作者透過了解發展歷程，可以把握協助孩子發展的機會，幫助他們在遲滯的領域取得進展。

嬰幼兒和童年時期

嬰兒和幼兒關鍵的發展任務，與擔任養育角色的大人密切相關。就如第 10 章所述，關係和安全深刻影響了孩子能否達到發展里程碑。關係中的干擾可能對孩子成長和發展有顯著的影響。

嬰兒（0 ～ 2 歲）。嬰兒時期的孩子成長相當迅速，學會爬行與走路，並且經歷許多生理變化。在情感上，與主要照顧者的依附關係是他們主要社會和情緒任務，為日後建立信任關係奠定基礎。在道德發展方面，對於嬰兒來說，他們想要的就是對的或好的；他們不想要的就是錯的或壞的。

幼兒（2 ～ 4 歲）。幼兒期孩子主要專注於自己的身體和生理功能。他們的運動控制能力隨著學會奔跑、攀爬

而提升。在追求自主的過程中,他們變得愈來愈獨立,可以做得更多,並且要求更多事情都自己來(例如自己穿衣服、倒牛奶等)。他們的社交世界不斷擴大,家族親戚和社區鄰里變得更重要。他們開始學習如何和其他人一起玩,通常是透過平行遊戲(parallel play)進行(亦即大家在一起玩,但不是玩在一起;孩子通常是相鄰玩一樣的遊戲或玩具,但彼此不互動)。幼兒的注意力時間(attention span)非常短。他們開始學習因果關係,並且理解基本的對錯。這時期的孩子相信:如果大人說是對的,那就是對的;如果大人說是錯的,那就是錯的。

童年早期(4～6歲)

隨著持續成長,孩子愈來愈能覺知到自己的身體,並且明白性別之間的差異。4～6歲的孩子在肢體活動上非常活躍好動。他們通常對一切事物充滿好奇,也會透過遊戲表達對性別議題的好奇。隨著進到學校和其他孩子一起玩、學習、分享,他們的社交生活更為擴展,溝通技巧也因語言發展而提升。在這個年齡階段,孩子很希望透過做對的事、避免做錯事來取悅大人。

表 7｜發展任務

發展階段	生理／性別	社會／情緒	智力／道德
嬰兒 （0～2歲）	口慾（oral needs）、迅速成長和生物性變化、爬、走	主要照顧者主導、信任、連結、依附	物體恆久、例行作息、正增強、重複、一致、孩子要的都是對的
幼兒 （2～4歲）	動作控制發展、跑、排泄控制、自己吃飯、對自己身體感興趣	社會系統從主要照顧者拓展到家庭和鄰居、鬧彆扭、開始團體遊戲	認知快速發展、注意力廣度短暫、有形的現實觀、因果關係、開始知道對錯
童年早期 （4～6歲）	活躍好動、肌肉成長快速、覺察性別差異、探索自己身體	和其他人一起玩、學習分享、語言為社會互動的核心、想要取悅大人	極度好奇、想要做對的事和避免錯誤、可能將自己的錯怪罪於他人
童年中期 （6～10歲）	肢體發展減緩、肢體力量和技巧提升、對性的遊戲或試驗感興趣	認同家庭外的大人、學校朋友、拿自己與他人比較、合作團體遊戲、與同性別互動	渴望學習、發展興趣、罪惡感與羞恥、邏輯思考、理解概念、發展道德良知、重視公平性
青少年早期 （10～14歲）	青春期、性慾、急遽成長和身體變化、第二性徵、青春痘	批判大人、有最好的朋友、隱私、同儕、喜歡競爭的遊戲和團隊、俱樂部、情緒化、擔憂、內省	強烈的正義感和道德規範、知道對錯
青少年 （15～19歲）	生理發展成熟、受性慾行事的機率增加	約會、可能會有戀愛關係、許多朋友、情緒起伏波動	對於價值觀／行為的不一致感到困惑與失望、關心未來、創意、抽象思考

童年中期（6 ～ 10 歲）

　　童年中期的孩子身體生長速度趨緩，開始發展出更大的肢體力量和技巧。隨著孩子學習與同儕合作、問題解決、透過遊戲發展友誼，團體遊戲的技巧也因此發展。雖然團體互動對於這年齡階段很重要，但友誼並不穩定，團體忠誠度也很短暫（直到之後的發展階段，孩子會更重視同儕關係更甚於大人的想法）。孩子在這個階段出現一些競爭的狀況，透過與同齡人比較來衡量自己的價值。孩子需要學習和應用技巧、同儕互動、競爭、表現自我控制等能力，以此發展成就感。他們渴望學習，開始以邏輯思考，也變得更注重公平性。

青少年期

　　生理發展進程（biological processes）和社會影響驅動著青少年時期的許多方面。任何發展階段都不像青少年期需要這麼多的調適，因為這時期孩子的一切都在改變。青少年的身體經歷著迅速的成長，情緒和感受劇烈變化，和家人、同儕的關係有新的意義。青少年對整個世界的觀感也持續在改變。以下是對不同年齡青少年普遍發展任務的概述。

　　青少年早期（10 ～ 14 歲）。青春期始於這個發展階段，此時孩子在生理上出現急遽的變化。一般來說，這階

段會出現生長高峰期，性器官開始成熟和運作，並且出現許多第二性徵的變化。骨骼的成長較肌肉迅速，通常會讓青少年變得不靈活。荷爾蒙隨著性發展而劇烈變化，可能會出現令人興奮、害怕和困惑的性衝動和侵略衝動。這對青少年情緒穩定性有深遠影響，通常會導致情緒波動，讓情感變得誇張和極端。

這是充滿著實驗和角色扮演的時期，因為青少年開始發展自己的性別認同，包括性別認同和性傾向。他們可能會陷入戀愛的氛圍，並且質疑自己的性別認同。一般的社交活動主要圍繞於同性別的朋友。

青少年早期通常會發展出強烈的正義感，並且知道對與錯。他們已經發展出一套道德規範，一旦這規範被違反，他們會出現強烈的反應。由於思考能力的改變是逐步發生，青少年可能在某方面可以進行抽象和反思的思考，另一方面卻仍受限於具體的思維。舉例來說，一位青少年可能對正義、宗教或高等數學有成熟的想法，卻無法理解缺乏保護措施的性行為有何風險。因此，重要的技巧和資訊需要透過許多方式來傳達。

青少年的社交團體主要由同儕組成。這種團體取代了家庭，成為設定行為期望和體驗歸屬感的來源。青少年需要與異性朋友發展滿意和健康的關係。他們需要發展獨立於大人之外的能力。青少年可能會感受到社交的尷尬與難

堪，並因此努力在社交行為中獲得光采和自信。雖然在一些情況下，同儕團體對某些青少年可能是負面影響，不過為了成為社交技能強的大人，青少年和朋友的交往互動仍有其必要。

青少年晚期（15～19歲）。由於生理發展已經成熟，青少年晚期的孩子受到性慾驅使的可能性會增加，尤其是為找到人生伴侶而探索許多不同的關係。他們也許會有許多戀愛關係，經歷許多情緒起伏波動。青少年覺得自己極其重要且獨特，所以沒人能知道他們的感受和／或理解他們。他們也經常感到孤單。隨著成長和成熟，青少年開始擺脫這種自私的心態。透過與其他青少年建立親密且互惠的關係、分享內心深處的擔憂和夢想，他們開始意識到其他人都走過與自己相似的生命歷程。

青少年會感覺自己無堅不摧（immortality），壞事只會發生在別人身上，而不會落在自己或身邊的人頭上。這可能導致青少年從事危險的冒險行為，因為他們相信自己不會受到行為後果的影響，而且不會受到傷害。隨著持續累積生活經驗，並且觀察到危險行為對別人的傷害，青少年開始體悟到自己無法免疫於行為後果。

年紀較長的青少年開始關心未來，並且有能力可以抽象思考。他們很容易對價值信念與行為間的差異感到失望，也會因此感到困惑。青少年有更好的創意思考和歸

因能力。在這個發展時期，青少年對真理、現實、接受等抽象概念的思考能力，使其得以探索事實和理論，並且客觀解讀情境和現實。他們的行為基準更趨向義務和良知，而非愉悅和自我滿足。青少年晚期的孩子開始依循道德責任和理想的指引行事，而非取決於正向強化（positive reinforcement）。

　　所有孩子都需要正常的發展經驗、關懷的關係、參與和貢獻的機會，以及個別化的協助，以此應對每天之中為達到發展里程碑的挑戰。療癒照顧的目標之一是盡可能為孩子提供環境，使他們得以達成發展任務，進而走上最佳發展之路。

18 實踐發展焦點原則

我生命的使命不僅是生存，而是茁壯成長；並且要有一些熱情、一些同情心、一些幽默和一些風采。生存很重要，但茁壯成長更為高雅。

—— 馬雅・安傑洛

　　在等待合適安置或返回家庭的過程中，孩子的發展不會停止。當孩子進入安置照顧時，他們的生命經驗對其發展產生了巨大影響。同樣的事實是，他們即將經歷的安置照顧經驗也會對未來發展有極大的影響。兒童和青少年在成為大人的過程中，經歷極為豐富多樣的發展階段和機會。為了有效幫助孩子的成長更趨向典型的發展途徑，照顧工作者需要理解孩子的發展需求，並且提供他們實現重要發展里程碑的機會。安置照顧的一個重要目標就是透過提供支持和機會，協助孩子從過往可能的失落中復原，進

而激發孩子內在成長和發展的本能。與此同時，提供發展適切（developmentally appropriate）的活動來塑造正常感，亦是孩子福祉的核心。

早期發展的生活經驗

兒童早期經驗為孩子將來的技能發展奠定了基礎。許多安置照顧的孩子曾經歷過可能抑制健康發展的情況（例如貧窮、種族歧視、虐待、疏忽、家庭暴力、物質濫用等）①。身分認同的發展，一部分是來自於社會化的過程，其中涉及社區、社會、文化參照群體（cultural reference group）。因身分認同、經驗、環境而被社會邊緣化的孩子，特別是當下生活環境的大人若不能代表其文化和社會身分，可能使他們在形塑正向的身分認同上面臨巨大挑戰②。這些孩子需要支持的環境，從而探索族裔、種族、文化、社會和／或性別認同的議題。

貧窮、虐待、疏忽、物質濫用的經驗也可能影響大腦發展。孩子發展和學習新行為時，仰賴他們大腦適應新情境的能力。孩子想促成大腦決策／計畫功能的發展，需要有利的環境來嘗試新技巧，解決新情境下的問題。促成這發展過程的策略是針對孩子不足的領域教導新技巧，在結構性環境中提供練習新技巧的機會，以便孩子能成功。

什麼是發展焦點實踐？

照顧工作者對兒童和青少年發展歷程了解愈多，就能在活動、環境、互動上做出更多有助於達到發展里程碑的決定。神經變異的孩子可能有不同於典型發展軌跡的歷程。神經多樣性是人類發展的一部分。每個人都需要依孩子的發展軌跡和自然的學習方式來工作。對於發展理論的理解，為照顧工作者的作為提供指引，並且幫助他們理解什麼情況對於照顧個別孩子有利，什麼又是正向發展經驗的障礙。一個好的發展理論能理解環境中持續增加的發展機會和障礙，並且提供實務工作指引。

對不同年齡典型發展階段的了解，能指引照顧工作者透過社會互動、肢體和技能培養的活動、嗜好與特殊興趣的追求，提供孩子具體的機會。照顧工作者透過觀察每個孩子做事、遊玩，以及與同儕、大人、環境的互動，可以評估孩子的發展處於什麼歷程，並且以孩子的優勢、需求、興趣做為發展的基礎。這有助於孩子在每個發展領域都有所進展。帶孩子進行活動、聆聽他們想要達成的目標、理解他們的興趣，可以激勵孩子更投入其中。同樣重要的是了解每個孩子的文化和社會身分認同，以及家庭背景。社會和文化脈絡會影響發展和學習。

看見每個孩子的獨特性、了解他們生命經驗的影響，有助於照顧工作者支持孩子以自己的步調發展。同樣的，

督導和領導管理群可以為（第一線）工作人員和照顧工作者創造促進專業成長的有利條件。為了提供孩子及其家庭「以發展為焦點的照顧」，組織需要提供工作人員和照顧工作者發展自身技巧和能力的機會。如 CARE 變革理論（見第 42～43 頁的圖 2）所述，領導管理群和督導應用 CARE 原則協助員工的專業發展很重要。領導管理群理解照顧工作者和督導的專業發展階段，並且利用策略來促進發展，就創造了一個成長、學習和支持的文化。督導、工作人員和照顧工作者被指派的任務和活動落於近端發展區，並且獲得足夠支持去獲取必要的能力技巧。倘若組織內各層級工作者都能在各自角色中應用「以發展為焦點」這項原則（見下一頁的表 8「組織層級：發展焦點」），就能朝「協同一致追求孩子最佳利益」的目標更進一步。

個別化照顧

為了面對每天的挑戰，所有孩子都需要正常的發展經驗、關懷的關係、參與和貢獻付出的機會，以及個別化的協助。療癒照顧的其中一個目標，就是提供孩子達成發展任務的最佳化環境。當孩子能透過預演新的、不同的方式來應對日常生活、解決問題、建立關係時，他們的發展會有所進步。當孩子知道他們能向支持的大人尋求協助和指引，而且其興趣也反映於一系列活動時，就能促成進步。

第 181 ～ 182 頁的表 9「發展領域：助益或阻礙」列舉一些能促進發展進程的支持和互動，以及影響孩子正向發展的阻礙③。某個情況下幫助孩子生存的因素，可能會在另一個情況下構成風險。孩子處於危險社區中的發展經驗，與安全和平靜的環境截然不同。如果孩子的父母因為財務和情緒的壓力，幾乎沒有精力和時間與孩子進行有利於發展的互動，貧窮就會嚴重干擾孩子的正向發展④。

表 8｜組織層級：發展焦點

層級	CARE 原則的實踐
外部組織	認可機構和員工發展計畫的價值、提供相關資源。
領導管理群	流程和結構提供工作人員和照顧工作者職涯晉升的途徑，並且給予發展所需的支持（例如設定期待、給予督導時間／資源培養員工。
督導	督導於工作人員和照顧工作者的近端發展區內指派任務，並且協助教練與指導。為工作人員和照顧工作者制定個別計畫，協助其發展能力、在組織中晉升。
照顧工作教導團隊工作	根據每個孩子和家庭調整活動、期待、常規作息和事務，以此確保其發展適性。為每個孩子規劃達到重要發展里程碑的機會。
孩子和家庭	孩子能以同理心和家庭、同儕互動。隨著發展里程碑的達成，期待也隨之調整。

表 9 | 發展領域：助益或阻礙

發展領域	助益	阻礙
生理／性別	• 提供營養的食物和充足的睡眠 • 醫療健康照顧 • 活動設計能發展粗大和精細動作技巧，以及協調和平衡 • 規律運動 • 提供正確的性知識 • 解釋社會的行為規則和隱私 • 告知在友誼和親密關係中的適當行為	• 營養不良和缺乏睡眠 • 不佳的醫療健康照顧和／或疾病 • 缺乏運動 • 肢體虐待 • 性虐待 • 媒體不當暴露與性相關的情節與行為 • 照顧者對適切發展階段的性行為過度反應
認知／道德	• 提供感官刺激以促成互動和供給資訊 • 在討論中引入新詞彙 • 透過遊戲提供探索 • 透過日常對話，挑戰更深入的思考和促進語言發展 • 以鷹架（scaffolding）建構概念，協助發展複雜技巧 • 練習正念和冥想運動 • 讓孩子參與活動計畫、決策和問題解決 • 鼓勵探索新的想法 • 支持自主決策 • 討論道德兩難、詢問道德相關的問題 • 運用民主共識決策 • 探討價值觀系統和鼓勵自我反思 • 溫暖的照顧，並且設定明確而一致的期待 • 創造道德思考和行為的練習機會 • 鼓勵利他主義和提供為他人貢獻付出的機會	• 營養不良和醫療健康照顧不足 • 缺乏刺激 • 缺乏教育機會 • 忽略文化的知識方式（cultural ways of knowing） • 過度控制或過度保護的照顧 • 威權或過度被動的體制 • 不適當的學業安排 • 照顧者有限的溝通和語言技巧 • 強調處罰負面行為 • 照顧者展現不符道德或社會規範的行為

發展領域	助益	阻礙
社會／情緒	<ul><li>以滋養培育的方式滿足需求</li><li>做為安全堡壘，幫助孩子感到安全</li><li>保護孩子免受傷害（身體和情緒）</li><li>建立信任關係</li><li>教導和示範同理心</li><li>幫助孩子標示自己的情緒、辨別他人的情緒</li><li>讓孩子參與協同調節的活動，並且在可行時鼓勵自我調節</li><li>鼓勵孩子導向的活動和遊戲</li><li>創造特定文化和身分認同的社交活動機會</li><li>維繫或建立與家庭的聯繫</li><li>認可目標和鼓勵主動</li><li>鼓勵和促成合作型遊戲</li><li>教導人際技巧</li><li>將孩子連結到能茁壯成長的社會網絡</li><li>鼓勵多元的社交網絡</li><li>提供發展技能的機會</li></ul>	<ul><li>高度控制的環境</li><li>吼叫和羞辱的大人</li><li>缺乏敏感度和無回應的照顧者</li><li>過度控制的照顧者</li><li>缺乏家庭聯繫</li><li>誤將青少年對自主和身分認同的爭取視為負面表達，並且以懲罰和控制來回應</li><li>受限的未來感</li><li>來自家庭和朋友的社交孤立</li><li>文化刻板印象</li><li>令人感到壓力和混亂的環境</li></ul>

　　神經變異可能不是典型的發展，但對神經變異性的人們和文化而言這是「正常的」。在評估孩子的發展水準和能力時，一併考量孩子生活的環境至關重要。

　　基於孩子生命經驗和發展歷程的複雜性，照顧工作者需要針對每個孩子做出個別化的回應。個別化的取向能讓孩子療癒和恢復因創傷經驗而失去、錯過的部分。這也有助於發展孩子的優勢和興趣。

集體發展經驗

發展歷程雖然源於內在，但是受到外部的影響和牽引。安置照顧兒少身旁若有致力於提供正向發展經驗的大人，就為孩子茁壯成長的條件奠定了基礎。如果每個大人都提供安全和發展適切的機會，讓孩子可以練習新技巧，孩子將開始視大人為關心、有幫助、接納、相信自己能成長的人。當孩子能與成年照顧者形成依附、精熟技巧、變得更獨立自主，並且發展出目的感時，他們就走在正向和健康發展的軌跡上。

原則五：
能力中心

19 能力與精熟

每個孩子至少需要一個為他們瘋狂著迷的人。

—— 布朗芬布倫納

　　在進到安置照顧時，孩子帶著各種不同的生命經驗，以及受到經驗影響的行為和因應方式。在安置照顧期間，照顧工作者幫助孩子因應失落和創傷，並且療癒他們的痛苦和傷害。透過創造一個療癒環境，其中具備有能力、技巧建立健康依附的大人，可以釋放孩子內在建立關係的能力①。當孩子處於促進生理和情感安全的平靜氛圍時，就能依循典型的發展歷程前進。這是緩慢、漸進的改變，發生在孩子練習新技巧、從本身努力獲得滿意結果的經驗中。

　　亨利·邁爾稱這種改變的發展類型為第一序改變（first-order change）②。在安置照顧的服務中，組織的目標不僅是幫助孩子完成正常的發展任務，也要幫助他們學習

不同的行為、思考和感受方式，亦即第二序改變（second-order change）。第二序改變的產生③是對照顧工作另一層的期待，照顧工作者必須要有目的性的方案，並且具備情緒能力。

> **改變的本質**
>
> - 第一序改變是緩慢、漸進的改變，發生在孩子練習新技巧、從本身努力獲得滿意結果的經驗中。
> - 第二序改變是學習不同的行為、思考和感受方式。

發展必須的生活技巧

我們在第 9 章曾討論過，當孩子與支持他的父母、照顧者或其他大人處於堅定關係，並且獲得機會和支持去學習重要的生活技巧時，孩子的心理韌性就會隨之提升。提升心理韌性的個人優勢包括：情緒調節技巧、自主、自我效能感、社交能力、彈性、問題解決和適應改變的能力。就如 CARE 變革理論所說，照顧工作者透過發展型關係給予孩子勇氣、支持、活動，幫助他們學習因應挑戰和茁壯成長所需的重要生活技巧。

協同調節和自我調節技巧。激發—放鬆循環不僅能發展信任，當照顧者回應孩子的需求時，孩子也學習如何讓自己放鬆和冷靜。透過與冷靜、撫慰他們的照顧者互動，

孩子發展出調節情緒的能力。這過程稱為協同調節[4]。嬰兒需要能傳達安撫訊息且關懷的照顧者來管理他們的情緒。當嬰兒感到不適和有壓力時，照顧者會透過抱著或搖動嬰兒、輕聲細語和微笑等方式回應，幫助他們放鬆和冷靜下來。安置照顧的孩子也需要照顧工作者提供安全堡壘，協助他們應對壓力。積極傾聽、幫助孩子標示他們的情緒、使用撫慰和舒緩的語調、滿足其需求等，都是協同調節過程的一部分。協同調節並不是為了解決問題或消除痛苦，而是幫助孩子最終學會安撫自己的過程。

在與大人的關係中，孩子學會控制他們的行為、情緒、想法、注意力，這種技巧即為自我調節[5]。當照顧者能識別孩子的情緒，並且幫助他們學會管理這些情緒的方法時，自我調節的技巧就此發展[6]。不曾學習管理自己情緒的孩子，在每天與感到壓力、心煩意亂時，需要信任的大人來幫助他們協同調節（識別和管理）情緒。

社交與人際技巧。如第 6 章所述，孩子藉由身處於健康的關係來學習關係的技巧。他們透過被大人照顧而學習如何照顧別人。所有關心孩子的大人，都希望他們能學會與他人相處、建立友誼。如果孩子想要發展並維持關係，會需要擁有各種技巧，包括：同理、問題解決、衝突處理、衝動控制、彈性和溝通能力。

自主。所有照顧者都希望孩子能發展好的選擇能力、

為自己挺身而出、邁向有意義和有價值的生活。自主是一組包括推理能力、考慮不同觀點、有自我價值和自我尊重的技巧和態度⑦。如果孩子要發展這些能力和態度，需要有機會透過思考其他有意義的替代方案來做選擇。為了在這個過程中幫助孩子，照顧工作者和其他人需要讓孩子參與討論，並且分享不同情境下各種回應的價值觀和理由。大人必須幫助孩子在做選擇的時候，不只是符合自己的最大利益，同時也尊重其他人。

　　自我效能感。自我效能感是一個人對自己在特定情境下可以成功的信念。它影響著人們如何思考、行動、追尋什麼目標，以及自己在世上的位置、是否有能力成功的感受。它對人們如何回應挑戰具有重要作用⑧。有自我察覺意識的照顧工作者會自問：眼前的挑戰值得掌控或需要避開？我能不能從挫折中復原並再次嘗試，或是就此放棄？正向的自我效能感有助於孩子應對生命中的挑戰，並且實現個人目標。

正常感

　　孩子既希望與眾不同，又希望和同儕一樣。所有孩子都希望自己是正常的。在安置照顧中，照顧工作者需要滿足每個孩子特別的需求，使其感覺被接納，並且幫助他們發展出一種正常感⑨，而這需要透過強化孩子與同儕的互

動，以及合乎其能力的活動來實現。營造一個「平凡普通的環境」（ordinary environment），提供一般常規作息、時程、活動、學校、體育、舒適物理空間與社區互動，以及為每一個孩子量身訂做的支持，有助於促使孩子建立起正常感。

遊戲，發展所需的活動

　　遊戲是孩子發展的根本，因為他們天生追求滿足生活所需的精熟和能力。蒙特梭利教育法強調獨立和選擇，其創始人瑪麗亞・蒙特梭利（Maria Montessori）表示，「遊戲是孩子的工作」（"play is the child's work"）[10]。孩子透過玩布偶和照顧寵物，學習如何負責和關心他人。扮家家酒、穿衣、蓋「房子」、烘焙餅乾、升營火，則是為了成年生活做準備。體育和遊戲不僅發展身體技巧，還教導孩子關係技巧，以及如何合作和一起工作。

　　遊戲已被確立為發展生理、認知、人際技巧正常成長的必要活動[11]，也是幫助孩子逐步應對創傷經驗的重要工具[12]。遊戲是學習、探索和互動的主要途徑，給予孩子機會挑戰從試驗和錯誤中學習、贏和輸，以及嘗試一些令人害怕、但不會造成永久或可怕後果的事。這是體驗式學習（experiential learning）的核心本質。遊戲也以安全和適切的方式減輕壓力和釋放情緒。當然最重要的是，遊戲充滿

樂趣！

　　許多安置照顧的孩子被剝奪了童年。他們的生活經歷反映出為了應付大人的議題，所以不曾體驗過探索的樂趣，並且錯失機會去參與能促進創造力和彈性的自由遊戲。遊戲的重要性在《兒童權利公約》中獲得承認⑬，第31條明確宣示：

　　締約國承認兒童享有休息及休閒之權利；有從事適合其年齡之遊戲與娛樂活動之權利，以及自由參加文化生活與藝術活動之權利。

—— 聯合國大會 1989

　　此外，聯合國兒童人權委員會⑭繼續透過以下宣示，強調遊戲對兒童發展的重要性：

　　遊戲有利於發展自主性，包括身體、心理或情感活動，其形式可能沒有窮盡，可能團體活動或單獨進行。這些形式在整個童年期間不斷變化和調整。

　　經常有人認為遊戲並不重要，但委員會重申，遊戲是童年快樂生活的根本和重要層面，也是身體、社會、認知、情感和精神發展的關鍵要素。

—— 聯合國兒童人權委員會 2013

藝術和音樂是發揮創造力和情緒騷亂的出口。戲劇和幻想遊戲有助於孩子處理過去的創傷事件，並且因應情緒壓力。基於孩子優點和興趣的嗜好和活動，有助他們發展出身分認同。休閒活動教導孩子如何以健康、正面的方式享受生活，並且樂在其中。許多安置照顧的環境和方案缺乏活動，活動機會只留給那些贏到（have earned）資格的孩子們[15]。

將家庭納入活動中，提供了與家庭成員發展關係的方法、鼓勵家庭和孩子之間的夥伴關係，並且示範許多種參與有趣和有益活動的方式。當照顧工作者將家庭視為夥伴時，家庭成員可以在無威脅的氛圍中放鬆及參與。孩子能展示他們的優點、新發展的技巧和友誼。家庭可以貢獻活動的點子和資源，凸顯其孩子的才能、興趣和能力。這些活動也讓家庭有機會與人分享自身文化背景。

為他人工作和服務

正如第 17 章討論的那樣，透過滿足包含目的、慷慨、靈性的普遍需求，正向的發展因而更加深化。參與工作計畫、家務、照顧他人、雜務，或是協助老師、照顧工作者和他人的經驗，能幫助孩子發展出目的感、成就感，並且為工作做得好而感到自豪。被要求慷慨分享自己的時間和精力，不僅有助於道德發展，也幫助孩子看見什麼是超越

「自身」的最大利益。專注於他人的福祉和需求，讓孩子能在付出的同時也有所得。他們開始看見自己對他人的益處與價值。要求每個人為家庭和社區的福祉付出貢獻，有助於建立自我價值感，並且教導孩子如何照顧他人。在社區中的分享也能培養責任感。雖然如此，孩子經常被指派無意義的任務，更糟的是，工作和／或社區服務甚至被用於對不當行為的懲罰。

除了學習重要生活技能的機會外，遊戲、工作、服務他人讓照顧工作者有機會參加與孩子建立關係的活動機會。同時參與活動，無論是工作、遊戲或社區服務，能讓照顧工作者和孩子在更中立、放鬆的環境中建立連結。分享想法和興趣為連結彼此提供個人化脈絡，將關係提升到另一個層次。照顧工作者也能做為發展興趣、技巧、遵守活動相關紀律的榜樣⑯。當照顧者全心全意與孩子投入在活動之中，而非保持距離的監督，不但能深化彼此的關係，也能讓活動更成功。

透過團體互動學習

有什麼比身處於一個團體中更正常呢？團體無處不在：家庭團體、學校團體、社交團體、教會團體、任務導向團體隨處可見；在遊戲場上、體育隊伍、購物中心、社區、幫派裡，都有孩子組成的團體。人類是社會性動物，

天性傾向聚集在團體中。透過這些不同的團體，人們得以滿足各種需求，包括歸屬的需求、發展技能及培養自尊心的需求。對青少年而言，身為某個同儕團體的一份子對其成長至關重要。成為團體和社區中有貢獻的一員，對健康的成年生活至關重要。

如果孩子在安置照顧中沒有感受到歸屬，他們是否能成功呢？如果孩子沒有感到被接納，他們會尋求自己的「歸屬感」，通常會導致反社會行為甚至幫派行為。由於未能被主流社會接納，許多進到安置照顧體系的孩子成了替罪羊、霸凌者、獨行者、幫派成員。如果他們無法與同住、日常互動的人有正向經驗，這種模式將會在照顧安置的場域延續下去。在安置照顧的同時，孩子需要有學習人際技巧的機會，使他們能在團體情境中與他人有正向的互動，進而將這些技巧應用於家庭團體、多個同儕團體、學校團體、社區團體。照顧工作者需要有技巧的處理情境，以免將孩子排除在家庭和團體的活動與討論之外。倘若孩子一直被排除在這些互動和活動外，他們的歸屬感會被破壞，也會持續經驗到拒絕和失敗。幫助孩子練習、學習在團體環境中成功的技巧，有助益於他們發展歸屬感。

在機構式和團體照顧，以及學校環境中，團體是提供照顧和學習機會的場域。這些團體環境透過各種同儕分組和接觸、與眾多大人的互動，以及參與多元豐富的計畫活

動，提供了無數的生活經驗。這些團體所有的照顧面向，都有助於在此生活、遊玩、工作、學習的孩子成長和發展。在同儕團體內的關係，以及同儕團體和工作人員團體之間的關係，對孩子有著極其強烈的影響[17]。一天當中形成和重組的正式與非正式團體，都有可能對促進孩子成長的方式產生影響。無論是歸屬於一個團體，還是在團體中幫助他人，這些經驗對孩子都是正向和值得的[18]。這一切都不是偶爾發生，照顧工作者必須小心的建構、監測、引導整天的團體歷程和互動。

能在團體或家庭環境中滿足個別需求是一項技能。有能力的照顧工作者可以影響團體的整體動力和情緒氣氛，讓團體本身成為學習和發展技巧的管道。照顧工作者若能有效利用團體，將為孩子創造從團體經驗學習的機會，並且發展問題解決、人際互動技巧等重要能力，也對自身行為如何影響他人有更深的洞察。透過覺察團體動力和環境的整體生態（孩子在環境中的互動方式），照顧工作者可以提供一個結構，讓孩子積極參與和實現發展里程碑。

從童年到老年，「做為團體的一份子」是一種基本、健康、正常的活動。對於許多進到安置服務體系、只經歷過同儕負面影響的孩子來說，在受建設性價值觀指引的團體中得到歸屬感，可能是一種新的、正向的經驗。如果孩子沒機會與生活中的同儕們互動，在社區內提供他們歸屬

於團體的機會就更顯重要。正如 CARE 變革理論所討論的，在每個機會中創造出正向的經驗，對於孩子正向的服務成果至關重要。

20　聚焦於優勢

如果我相信自己能做得到，即使起初我可能沒有這個能力，肯定也會逐漸獲得這個能力。

——聖雄甘地（Mahatma Gandhi）

　　孩子的生命經歷是學習和改變過程的重要部分。如前所述，這些生命經驗可能充滿傷害、失敗、剝奪、痛苦。照顧工作者的角色是幫助孩子識別他們的優點、長處和興趣，並且給予孩子事情會變更好的希望。這可能是一項艱難的任務，畢竟大多數進到安置照顧的孩子都帶著一長串障礙和問題。

　　在兒童福利、心理健康、少年司法領域，甚至是某些教育環境中，通常傾向描述孩子沒有做到什麼事，或是哪裡做得不夠好。要將話題轉為孩子做了哪些事，以及哪裡做得很好，對大人和孩子來說可能是一個重大的調

整。將焦點放在孩子的優點和正面特質上，第一序改變、正常發展的途徑就會變得清晰，並且在照顧工作者幫助孩子改變破壞性的自我挫敗行為（destructive self-defeating behaviors）時，第二序改變便得以產生。

影響改變的因素

改變行為模式從來都不容易。一旦習慣成自然，人們就難以改變長期的個人習慣或行為。他們可能會嘗試幾種方法戒菸、開始運動、停止抱怨、控制脾氣等，直到成功為止。什麼有助於人們改變行為？大人如何幫助孩子改變？改變自己的行為已經夠複雜了，幫助他人改變更是錯綜複雜。

行為改變的能力受到特定因素影響。其中關鍵是帶進改變過程中的個人因素[1]。（見下一頁的表 10「影響改變的因素」）孩子的個人優勢、資源、信念和生命經驗，大約占了改變 40% 的影響。

第二重要的因素是孩子與大人之間的關係，大約占 30%[2]。孩子是否認為這是基於同理、接納、理解、溫暖和鼓勵的同盟關係？

表 10 | 影響改變的因素

影響孩子的改變因素百分比

孩子的個人優勢、資源、信念和生命經驗⋯⋯⋯40%
孩子與大人間的關係⋯⋯⋯30%
孩子和大人對改變的期待和希望⋯⋯⋯15%
實際用於促成改變的工作方法和模式⋯⋯⋯15%

另一個有助於改變過程成功的因素,則是孩子和大人對改變的期待和希望[3]。孩子是否相信自己能改變?如果孩子冒險嘗試新行為,他們是否相信可以成功?孩子是否充滿希望?大人是否向孩子傳達對其改變的希望和信念?大人是否對孩子有高度期待?雖然這僅占改變過程的 15%,但是確實會產生影響。最後的因素(15%)則是實際用於促成改變的工作方法和模式[4]。照顧工作者和/或組織應用了哪種療癒取向?照顧工作者對孩子如何改變的想法是什麼?照顧工作者應用哪些策略來影響孩子的行為?

孩子

改變的策略如果能依孩子目前的功能水準、近端發展區、優勢為基準,其效果會更加顯著。在這種情況下,照顧工作者可以創造出最佳的條件,讓孩子實際在改變過程中發揮其優勢。透過辨識出孩子的正向特質並以此為基

礎，正向改變的機會將有所提升。當改變開始變得更明顯和可行時，孩子可能會發展出一個正向的身分認同（這是青少年期的主要任務之一）。

關係

具有情緒能力的照顧工作者透過把握練習新技巧的機會，在幫助孩子成長方面扮演重要的角色。照顧工作者想要勝任這角色，就需要與孩子同調；自我覺察本身的想法和能力；積極提供資源和支持；具備與人建立關係、人際交往、社交、自我調節的技巧。照顧工作者透過成為孩子的安全堡壘，協助他們視生活中的機會為正向挑戰而非威脅，並且提供支持和協助，鼓勵孩子充分投身於潛在的學習機會⑤。照顧工作者與孩子的關係是一個獨特且強大的工具，可以幫助孩子改變。

希望與期待

重要的是看見孩子的潛能，並且相信每個孩子及其改變的能力。高度期待的訊息是改變過程中的關鍵要素。孩子對自身改變能力的期待，則是另一個行為改變的重要因素。相信自己能達成任務的信念被稱為「自我效能感」，也是決定某人是否願意接受挑戰的關鍵因素⑥。

技術和介入方式

　　照顧工作者可以用許多不同的技術和介入方法來幫助他人改變。常見的介入方式包括：傾聽與反思；保持好奇心；提供資訊、解釋和安慰；幫助孩子練習新的技巧和行為方式[7]。

能夠、願意、準備好

> ### 能夠（Able）、願意（Willing）、準備好（Ready）
>
> - 能夠意指擁有跨步向前所需的知識、技巧和資源。
> - 願意意指有勇氣、信任和相信自己能改變的信念。
> - 準備好意指相信自己能夠成功，並且對於不一樣的未來抱有希望。

　　人們在準備好改變之前，必須願意和能夠改變。「能夠」（being able）意指擁有跨步向前所需的知識、技巧和資源，基本上就是孩子為改變過程帶來了什麼。「願意」（being willing）則更為複雜；它涉及了勇氣、信任、信念，並且受到文化觀和世界觀的影響。孩子是否準備好改變的部分因素是他們的自我效能感或自我信念，這是由經驗、同儕示範、口語和社會性的說服，以及心理和情感因素形塑而成。有幾種能有效強化孩子自我效能感的策略，包括幫助孩子發展技巧、提供幾個孩子所知的成功模範、

鼓勵和支持，以及減輕孩子對失敗的恐懼。「準備好」
（being ready）改變意指孩子相信自己能夠成功，並且對不
一樣的未來抱有希望。一個人若是想改變，必須要能夠、
願意、準備好，要是缺乏其中任何一項元素，就幾乎不可
能改變。

高度期待

　　孩子對自己的期待（自我效能感），會影響他們是否
願意努力面對生活中的困境、克服障礙、改變行為。形塑
個人的自我效能感有四個要素⑧。從這些要素著手，將有助
於激勵、鼓舞孩子承擔風險，並且嘗試新的行為。

　　經驗。要塑造孩子相信自己能成功的信念（自我效
能感），他們必須要有成功的表現經驗。當孩子看見自己
能有效因應困難的情況時，他們的精熟感可能因此提升。
同理，如果孩子覺得自己失敗了，自我效能感也會因此削
弱。這是提升個人自我效能感中最重要的因素，也是生態
觀點的一部分，亦即人們是由他們和環境的互動所形塑。

　　模範。看見與自己相似的同儕取得成功，可以增強自
我效能感。當孩子觀察到某個他們認為和自己相似的人成
功，可能會相信自己也能做到同樣的事。透過這種間接的
經驗，他們可能會受鼓舞去嘗試具有挑戰性的事物。將自
己和同儕做比較，這是孩子正常發展的一部分。如果孩子

的同儕成功了，將會賦予他們信心；反之，如果同儕失敗了，也可能降低孩子的自我效能感。

口語和社會性說服。在對的時間由對的人說出一句鼓勵的話，可能對孩子的信心有極大的影響。當人們聽到別人對自己能做什麼或不能做什麼的評價時，他們的信念會因此受影響。當然，這也取決於說話的人是誰。口語說服來自愈值得信任、愈有能力的人，鼓勵的效果也就愈大。不幸的是，負面說服比正面說服更容易，也更有影響力。削弱他人的自我效能感比增強更簡單。這對照顧工作者是很重要的提醒。照顧工作者需要注意自己和他人對安置照顧兒少所說的話。孩子很容易被言語擊敗。

形塑自我效能感的要素

- 經驗
- 模範
- 口語和社會性說服
- 生理和情緒因素

生理和情緒因素。壓力、恐懼或緊張可能影響一個人嘗試做某事的意願。再次強調，不一定是出現這些生理和情緒反應而已，更重要的是個人如何感知這些反應。一般而言，比起感受到壓力的情況，人們在冷靜狀態下會感覺

更有能力和信心。在上台報告前感到焦慮和反胃，可能會給某些人「刺激」，讓他們表現得更好。其他人卻可能認為這是自己無法在眾人面前演講的訊號，甚至可能因此動彈不得。如果一個人感覺疲憊和疼痛，就不太可能認為自己可以從事體力活動；而自覺身體健康的人則會相信自己有能力從事體力活動。一個人的感受會影響他們對自己表現的信念。

強化自我效能感

提升孩子的自我效能感，有助於增加他們改變的能力和意願。自我效能感亦能促進生理健康、心理福祉、自我調節[9]。照顧工作者可以採取幾種策略來提升孩子的自我效能感。

提供技巧發展的協助。在挑戰孩子嘗試新行為之前，孩子需要具備必要的技巧，並且自覺有能力應用這些技巧。這不僅只是能夠做某些事，而是相信這些技巧能奏效，並且協助他們達成目標。任何曾在訓練課程學習新技巧的人，都必須克服「感覺沒有能力使用這些技巧」（feeling incompetent）的階段，進而轉為「這技巧對我有用且改善我的表現」的階段。每個人都有一些可以展示，但不常應用於實務的技巧。幫助某人發展技巧和使用它們的信心，需要經過幾個步驟。

1. **教導技巧並容許大量漸進練習的經驗**。在孩子的近端發展區內工作是培養技巧的關鍵。首先，評估哪些是替代行為所需的技巧；接著透過鷹架（scaffolding）的概念架構判斷孩子已具備的能力，在輕鬆、非挑戰的情境中練習新技巧，然後在不同環境下漸進的實際練習這技巧。

2. **針對孩子的表現給予糾正的回饋，而不是針對孩子的人格特質，以此增強孩子自我效能感。**

   昨天在會議中，你安靜坐著聽了大家的意見，這正是我們一直在練習的事。我有一個建議。你不需要完全保持沉默。你可以聽聽別人的意見，並且提出自己喜歡的想法。

   照顧工作者還應該給予具體、正向的回饋，強調孩子的優點，並且增強他們對新技巧的使用。

   今天的會議中，你在聽完別人的意見後提出自己的想法。其他孩子感覺自己被聽到了，可能也聽見了你的想法，有幾個孩子也同樣喜歡它。你為這個小組做出了貢獻。

3. **創造正面成果的條件**。成功通常會帶來再次嘗試與更加努力的動能（momentum）。在任務中取得成功的孩子，更可能在更困難的情境下有勇氣再試一次。允許孩子在他們能成功的情況下嘗試新行為。照顧工作者的職責是確保孩子成功。

幫助孩子發展自我效能感

- 提供技巧發展的協助：
  1. 教導技巧並容許大量漸進練習的經驗
  2. 針對孩子的表現給予糾正的回饋，而不是針對孩子的人格特質，以此增強孩子自我效能感
  3. 創造正面成果的條件
- 指出成功的模範
- 給予鼓勵和支持
- 減輕孩子的恐懼

指出成功的模範。孩子會以同儕做為參考。年幼的孩子會透過和其他孩子相比來衡量自己的能力。青少年則是透過與同儕團體的互動和連結，以此建立身分認同並與大人區隔。當孩子看到他們的同儕成功時，會受到鼓勵而去嘗試。「如果他們可以做到，那我也可以。」讓孩子與擁有不同技巧能力的他人互動至關重要，如此一來他們可以為彼此提供正面的模範。

給予鼓勵和支持。支持必須真誠、為個人量身訂做，並且聚焦在真切的事物上。不能只是說：「來吧，你能做到。」這很容易被孩子解讀為居高臨下的姿態。口語鼓勵始於確認孩子能安全嘗試新技巧的情境，然後提供他們嘗試所需的支持。

　　我注意到你能正確找出這道食譜的食材。讓我們用你選的食材來煮今天的晚餐，如何？

　　成功達成目標能提升自我效能感。

　　減輕孩子的恐懼。如果孩子害怕失敗，就不太可能去嘗試。幫助孩子找到減輕對新挑戰恐懼和焦慮的方法，會增加他們的自我效能感與行動意願。放鬆練習、談論他們的恐懼、指出過去的成功、技巧的預演，這些都是有效減輕恐懼和焦慮的方法。

　　這些策略協助孩子相信自己能達成任務，並且可以在嘗試中取得成功，讓孩子相信未來可以不同，對他們來說會變得更好。照顧工作者的責任是幫助孩子每天都有美好的一天。這不僅僅是盼望著孩子成功，更是精心安排每次的嘗試，使孩子可以成功。

21 實踐能力中心原則

如果孩子有能力，就會做得很好。如果他們做不好，我
們需要弄清楚為什麼，如此才能提供幫助。
　　　　　　　　　　　　── 羅斯・格林（Ross Greene）

　　幫助孩子成長茁壯的其中一個關鍵，是照顧工作者
與孩子建立依附關係。依附關係為「第一序」改變提供了
平台，因為它提供孩子安全堡壘，促使他們達成重要的
發展里程碑。這種關係的發展是建構「第二序」改變的必
要基石。當孩子被要求改變他們的因應行為（亦即那些一
直保護、幫助他們面對痛苦情緒和創傷事件的行為）實際
上是被要求承擔巨大的風險。如前所述，一段基於同理、
接納、理解、溫暖、鼓勵的關係，是改變過程中第二重要
的因素。一段與信任大人的關係，會讓改變過程不那麼可
怕，更容易順利度過。

照顧工作者的主要任務之一，就是幫助孩子找出有益於當下和未來的新行為。為了實現第二序改變，孩子必須拋棄一些破壞性（destructive）的有害行為，並且學習新的、更適應的技巧，亦即學習如何以不同的方式思考、感受和行動。就如第 20 章討論過的，許多因素都會影響孩子改變的能力，包括孩子的個人優勢（40%）、孩子和協助其改變的大人之間的關係（30%）、孩子對改變的期待和希望（15%），以及促成改變的工作方法和模式（15%）。為了幫助孩子實現這目標，照顧工作者需要更多技巧、更多彈性，以及多樣的策略和方案。目標是協助孩子發展技巧和能力，進而增進其生活品質。照顧工作者必須有意識的根據孩子在特定時間、特定環境的特定需求，決定如何去互動、介入、教導、領導、鼓勵、溝通。

幫助孩子改變

照顧工作者的任務是協助孩子停止或減少不當、破壞、異常、危險的行為，並且以適應、合乎年齡、有益的行為加以取代。這變成一個雙重使命，既要滿足孩子的需求，也要幫助他們發展因應生活情境的新技能。若孩子能練習以不同的新方法應對生活日常、在遇到困難時解決問題，並且轉向支持的大人尋求指引和協助，就能在發展歷程上有所進展。

幫助孩子發展新生活技能的一種方法，是根據孩子個別的需求設定期待。正如前文所述，高度期待的訊息有益於孩子的發展，並且幫助他們克服逆境①。為了有效幫助孩子改變，照顧工作者需要了解他們目前行為的「何事、何時、何人、為何」（what, when, who, and why）。若孩子未能達成期待會發生什麼事？孩子拒絕聽從要求或做出不適當的行為，是為了滿足他們的需求，還是表達自己的困擾？詢問一群照顧工作者要如何回應這些情境，可能將得到各式各樣的回應。一些照顧工作者可能會說，孩子需要被究責或被給予後果（consequences）。其他人可能會建議執行一些嚴厲的紀律，甚至認為懲罰有其必要。然而，關於創傷和痛感引發的行為，反思經驗指出懲罰的回應往往弊大於利。照顧工作者如何回應孩子痛感引發的行為，是孩子經驗到照顧品質的一項關鍵指標②。照顧工作者如何在正確的時間選擇最佳的回應，以此確保每個人安全，並且幫助孩子發展新技巧？

幫助孩子達成期待

當孩子未能達成期待時，首先要考量應該將焦點放在哪。達成期待對孩子來說有多重要？如果期待對教導孩子「利社會技巧」（pro-social skills）、增進關係技巧和／或確保孩子與大人安全很重要，焦點就應該放在這些期

待上，而不是未達成期待的失敗。因此，問題變成：「孩子需要什麼才能達成期待？」答案在於：評估孩子此刻缺乏什麼來達到成功。孩子是否理解期待所需的要求？孩子是否有足夠的技巧來滿足期待？孩子在當下能否調節自己的情緒？孩子是否有足夠的動機達成期待？在孩子的世界觀中，這種期待有道理嗎？當下照顧工作者需要決定兩件事：⑴孩子此刻達成期待有多重要？⑵孩子需要什麼才能成功？

觀察和評估，再行回應

重要的是觀察孩子的表現和所做的事，並且聆聽他們說了什麼，以此判斷孩子當下需要什麼才能達成期待，然後再行回應。當孩子未達成期待時，我們需要評估情況。例如：

照顧工作者走進傑林的房間，期待看見傑林在鋪床和整理房間。然而，傑林在房間內踱步，表情看起來相當煩憂。

觀察：看與聽。首先，從孩子肢體語言、口語和非口語的行為去理解其行為模式，給予個別孩子日常生活所需的支持和鼓勵。值得關注的是孩子正在做什麼，而不是他們沒有做什麼。比起判斷孩子為何做或不做某事，觀察

孩子現在的行為會獲得更有益的資訊。觀察孩子正在做什麼，聆聽孩子正在說什麼。觀察孩子的外表，現在是否陷入困境，並且有壓力反應？是害怕、生氣或冷靜？例如：

傑林正在房內踱步，其面部表情看起來煩心和不安。似乎有什麼事造成傑林的壓力。

評估：花點時間思考。記錄孩子正在做和表達的事情，接著將這些行為放在脈絡和／或解釋的架構下來評估。這個行為出現在這個時間點，對這個孩子來說正常嗎？這個行為是試圖表達情緒、控制情況，還是想嘗試新技巧？評估孩子需要什麼才能達成期待，並確定當下是否必須達成這個期待。孩子是否需要放鬆、冷靜？照顧工作者是否需要冷靜？孩子是否理解這個期待？孩子知道為什麼這很重要嗎？孩子嘗試溝通什麼？孩子有達成期待所需的技巧（智力和情感）嗎？照顧工作者可以問自己這些問題，以此了解安置照顧兒少的行為和感受。敏感關注孩子發生什麼事，對於決定如何回應至關重要。例如：

傑林很容易心緒不寧，在情緒激動時難以專心。傑林可能無法對請求做出回應。不過他知道現在是整理房間的時間，而且這一整週都有時間去完成任務。

回應。基於對情況的觀察和評估，如果孩子難以做好生活例行常規和達成期待，可以選擇各種回應方式。關鍵是選擇的回應方式需要滿足孩子當下的需求，並且幫助他們達成期待。依據評估結果選擇冷靜、解釋、教導、激勵等回應方式，權衡期待與孩子當下需求的重要性。例如：

什麼能幫助傑林達成整理房間的期待？此時此刻把房間整理好，對傑林來說有多重要？

選擇回應方式

有效的回應能促成行為的改變、教導自我調節技巧、增強關係、減輕孩子的疼痛和壓力、緩解行為激化、避免權力競奪、教導有效的因應技巧[3]。我們可以應用五種基本的回應方式[4]。關鍵是在正確的時機、正確的情境中選擇適當的方法，以及保持足夠的彈性，能在孩子的回應不如預期時改變做法。

五種基本的回應方式

- 當孩子達成期待的時候，給予認可（acknowledge）
- 鼓勵孩子達成期待
- 改變期待
- 教導孩子
- 使用後果（consequences）

選項：當孩子達成期待的時候，給予認可

看見孩子未做或不該做的事，通常會比發掘孩子的長處、強化他們做得好的事情更容易。為了幫助孩子期盼並相信自己，照顧工作者可以改變注意力，聚焦在孩子能做到的事和已達成的成就。

認可正向行為的時機。第一步是觀察孩子正在做什麼，他們是否成功滿足期待或是期待的一部分？期待是否合理和適當？

如果孩子達成期待，則能合理評斷他們是能夠（有所需的技巧、知識和資源）也願意（擁有勇氣、信任和信念）去滿足期待。

適切的回應方式是認可其表現，並且強化孩子達成期待的能力和意願。現在，這成為了孩子的優勢，並且能進一步發展。結果是期待得到滿足，孩子的自我效能感在成功經驗中獲得強化（見下一頁的表 11「當孩子達成期待時，給予認可」）。

表 11 | 當孩子達成期待時，給予認可

觀察

孩子正在打掃房間

評估

孩子有意願

孩子有能力

回應

認可孩子的行為

結果

孩子的自我效能感增加

關係獲得強化

期待達成

認可孩子行為的回應技巧。當孩子達成期待和學習新技巧時，有許多正向回應的方法。以下是一些例子：

1. 給予正向的注意力。當孩子完成任務時，針對他們完成的具體事項予以致意和肯定。例如：

傑林，你把你的房間整理好也掃了地。我注意到你有多努力完成這些事！謝謝你！

2. 加入活動之中。 加入孩子的活動，強調期待的重要
性。例如：

你很努力想把房間打掃得更乾淨。我會幫你把床單鋪
上，這樣我們可以趕快整理完，然後一起去散步。

3. 請孩子教導其他人。 透過請孩子協助其他人來表揚
他們的成就。例如：

傑林，戴文才來沒多久，對整理房間的期待不太清楚。
你有很多整理房間的好方法。你要為戴文示範怎麼鋪床嗎？

選項：鼓勵孩子達成期待

做為日常照顧互動和活動的一部分，照顧工作者與孩
子一起做事，可以幫助他們培養達成期待、應對生活挑戰
所需的技巧。當孩子未達成期待時，而照顧工作者評估孩
子只需要在對的方向上稍微推一把，使用鼓勵和解釋期待
可能就已足夠[5]。這種取向能協助孩子達成期待。

使用鼓勵的時機。 在以鼓勵的方式協助孩子達成期待
之前，應該要符合一些指標[6]（見下一頁的表 12「鼓勵孩
子達成期待」）。

- 這個期待重要到值得冒著激化（escalating）情況的風險。
- 孩子過去經常表現出達成期待的能力。
- 孩子夠冷靜，可以關注並回應請求。

表 12｜ 鼓勵孩子達成期待

觀察

孩子沒有在打掃房間

評估

孩子沒有意願（缺乏信任、信念、勇氣）

孩子有能力

期待是合理的

回應

鼓勵

結果

孩子的自我效能感得以維持

關係獲得強化

期待達成

鼓勵孩子達成期待的方法。當孩子未能滿足期待時，照顧工作者可以用幾種回應方式予以幫助⑦。在提出強烈命令式的請求前，最好先以溫和的提醒和請求開始，

「彷彿」（As if）。有時候，孩子只是需要被提示、提醒期待是什麼。他們可能是一時分心，或是還沒準備好開始做事。在這種情況下，我們可以簡單告知期待是什麼，然後持續預期「彷彿」孩子將會做到，這樣做可能就已經足夠⑧。照顧工作者應該溝通期待，並且透過「期待的語氣」（expectation in their voice）⑨來提出請求。照顧者期待孩子會成功，也表現出這個期待「彷彿」將被達成。向孩子提醒（而不是嘮叨）期待，並且透過語調和措辭來表達自己的期待是什麼。例如：

傑林，現在是整理房間的時間。我 15 分鐘後再回來，看你是否整理完成，並準備好出去玩。

提供協助。有時孩子需要一點幫忙來開始或完成任務。一個值得信任的大人出手幫助孩子達成期待，就足以讓他們重回軌道。這不僅能幫助孩子達成期待，也有益於建立依附關係和發展型關係。例如：

我來幫你整理房間，我先去拿掃把。

給予選擇。有時候，孩子可能在優先事項或參與不同活動的機會上有所衝突。雖然期待和例行事項可能已經設定，但總有許多方法來滿足這些期待。舉例來說，現在可能是整理房間的時間，不過孩子有和朋友一起參與休閒活動的機會。陪孩子一起查看日程表並做出調整，以便孩子在達成期待的同時，也能參與活動，進而學會如何管理時間和責任。如果孩子當下還是難以達成期待，則提供兩、三個有吸引力的替代方案。例如：

你可以現在整理房間，我也會幫你。或是你可以跟朋友去看比賽，然後晚餐後再來整理房間。

預期未來。孩子有時會卡在當下，需要一些幫助，了解眼前的任務可以達成，而接下來會有更多有趣的活動。照顧工作者可以提醒孩子，達成期待後會發生什麼事。這或許能幫助孩子更有意願達成期待，因為他們預期有正面的結果。例如：

記住，我們家事做完後要出去打球。
待會有間乾淨、可以放鬆的房間，這不是很好嗎？

提出請求。在正向和關懷的關係前提下，照顧工作

者通常可以透過請求孩子合作，或是挑戰孩子做出好的選擇，以此激勵孩子達成期待。例如：

傑林，你知道我們的生活常規。整理你的房間，一起過個不錯的一天吧！

傑林，你知道你現在做的事並不符合期待。請你做出好的選擇。

如果孩子夠冷靜且看重請求，鼓勵他們達成期待會是一種有效的方法。如果孩子過於心煩意亂而無法控制情緒，則難以回應請求或做出好的決定。在這種情況下，「執著於期待本身」可能會導致權力競奪或危機。照顧工作者的要求愈強烈，愈需要仰賴他們的權威，以及與孩子的關係。因此孩子必須視照顧工作者為自己信任、希望能取悅的權威人物。若孩子心煩到無法應對請求（缺乏良好的自我調節技巧），而且跟照顧工作者關係也不好，或是不在意其權威，孩子的行為可能會因此激化升高。如果照顧工作者訴諸威脅或觸碰孩子，可能會引起恐懼和壓力反應，進一步激化孩子。

選項：改變期待

有時候，關鍵是減低挫敗不滿的程度。在一些情況

下，期待可以被改變或拋諸腦後。若孩子缺乏足夠的自我調節技巧來管理情緒，未能滿足期待，而且照顧工作者評量也認為這期待在當下不那麼重要，或是擔心再堅持下去，情況肯定會激化升高，此時這樣做會很有用[10]。這取向能預防危機、維護關係，並且優先處理需立即滿足的重要期待，推遲能晚點處理的期待，等孩子更有可能成功時再做。

　　改變期待的時機。在改變期待之前，必須考慮以下情形[11]（見下一頁的表 13「改變期待」）。

- 有理由相信孩子在當前情況下無法成功。這是不切實際的期待。
- 改變或放下期待，不會有立即性的危險。
- 透過調整期待，孩子將可以成功。

　　改變期待的方法。以下是一些改變、降低或放下期待的方法[12]。

1. **改變期待**。如果這期待對個別或團體的孩子來說有問題，則可以調整為其他內容，以便讓孩子成功。例如：

放學之後，你可以先休息 20 分鐘，然後再整理房間。
今天就不用掃地了，你要不要把床鋪好就好？

表 13 | 改變期待

觀察

孩子沒有在打掃房間

評估

孩子沒有意願（缺乏信任、信念、勇氣）

孩子沒有能力（缺乏技巧、知識、資源）

期待在當下並不合理

回應

改變期待

放下期待

結果

孩子的情緒行為沒有激化（自我效能感得以維持）

關係獲得強化

期待未達成或部分達成

2. **重導（redirect）活動**。當活動本身引發焦慮時，就改變這活動。有時這可能是時機或情境的問題。透過推遲（重導期待）來聆聽孩子當下的感受，可能有助於孩子稍後成功達到期待。例如：

我們去散步吧！房間可以晚點再整理。

不如我們一邊弄點零食，一邊聊聊發生什麼事。

3. 放下期待。從期待中放個假，或是讓其他人替孩子
　　去做。例如：

我宣布今天放假，不必做家事。我們出門去玩吧！
你今天壓力真的很大。我會幫你鋪床，你就放鬆一下。

　　調整或放下期待可以用於團體或個人，也可以主動使
用。舉例來說，如果孩子因為艱難的一天早已疲憊不堪，
而要達成期待顯然會耗盡他們剩餘的精力，不妨就預先放
下或降低期待。
　　如果孩子在任何情況下都無法達成期待，則可以改變
這個期待，以便讓孩子能成功並達成期待。這個取向並不
是讓孩子「擺脫某件事」，而是一種讓孩子能提升自我效
能感、培養自主性、學會做出健康選擇的方式。主要目標
是確保每個孩子都能有成功的一天。

選項：教導孩子——溝通和問題解決
　　當情況適合教導孩子調節他們的情緒和行為、達成期
待、解決問題時，照顧工作者可以採用更具合作的取向。
這個取向透過發揮孩子的長處、重視他們的想法、尊重他

們的世界觀、幫助他們發展生活技巧等做法，協助孩子達成期待。可以盡可能使用這個策略，因為它能同時達成多種任務。這有助於孩子達成期待、強化照顧工作者和孩子的關係，並且教導孩子社交能力與認知技巧，以及如何調節自己的情緒和行為。

表 14 | 教導孩子

觀察

孩子沒有在打掃房間

評估

孩子有意願

孩子沒有能力（缺乏技巧、知識、資源）

期待是合理的，或是可能需要調整

回應

溝通

問題解決

教導

結果

孩子學習新技巧（自我效能感提升）

關係獲得強化

期待達成

教導孩子的時機。以下是這個方法的最佳使用時機⑬（見上一頁的表 14「教導孩子」）：

- 照顧工作者和孩子都能冷靜討論達成期待的問題，不會激化升高現在的情況。
- 有理由相信孩子缺乏穩定達成期待所需的認知和／或情緒技巧。
- 對於如何達成期待有所彈性（例如有許多不同的方式可以解決問題、應對所有相關的議題）。

　　教導孩子的方法。照顧工作者可透過問題解決的模式，幫助孩子學習達成期待和發展自我調節所需的技巧⑭。

1. **傾聽、認可、尊重的回應**。孩子可能顯得困惑或不安。有時孩子心裡有很多事，或是對白天發生的某些事感到擔憂。他們無法專注於當前的任務，也難以聚焦於期待。有時他們需要的是傾聽和同理。可以透過同理傾聽和開放式問題等主要技巧，發掘出什麼阻礙著孩子達成期待。重要的是照顧工作者去共感孩子的經驗，並且認可他們的優勢和看法。照顧工作者需要理解孩子的感受、想法、嘗試完成的事，並且將這樣的理解傳達給孩子。例如：

傑林，你似乎心情不好。能告訴我什麼困擾著你嗎？

我可以看出你現在壓力很大。是因為整理房間的事，還是有其他事讓你心煩？

今天你放學回來說不想整理房間。你是因為在學校考試不及格而心情不好。這是你在房間裡來回踱步的原因嗎？

2. **界定問題**。在辨別和認可孩子的議題後，就可以清晰界定問題。哪些議題需要解決？這是每個人都有的議題嗎？例如：

現在是整理房間的時間。你今天在學校考試不及格，因為太不開心而無法整理，你需要休息。不過我的擔憂是，如果你休息了，可能會忘記打掃房間，等到晚上你準備要放鬆的時候，房間卻還是亂的。

你本來打算今天打掃房間，可是你去拿掃把時發現它不見了。你試著找出掃把卻沒找到。現在你擔心因為掃把不見、房間沒有打掃而陷入麻煩。你的房間依舊一團糟，而且掃把也不見了。

3. **找出解決方法**。照顧工作者可以透過邀請孩子共同合作，找到能處理所有議題的解決方法，促成探索和學習。例如：

我們要如何才能讓你的房間變乾淨，又讓你在經歷失望後有時間重新振作？讓我們一起看看，今天剩餘的時間還需要完成哪些事。

我們不知道掃把在哪，你的房間還是一團亂，你擔心會因此陷入麻煩。我們能不能想一些方法來打掃你的房間，確保你不會陷入麻煩呢？

這種策略可以預防情勢的激化升高，也能防止問題產生。照顧工作者對孩子的行為模式有充分的了解，並且能預期何時可能出現哪些困難狀況。使用這種簡單的問題解決方法，可以防止孩子陷入無法達成期待的情況，同時也教導他們解決問題。

選項：使用後果

當大人感到挫敗和不安時，他們可能會幻想自己能找出正確的獎勵或懲罰，神奇的改變孩子的行為。人們很容易陷入這種想法：若獎勵夠吸引人或懲罰夠嚴厲，就有可能讓人按命令行事。在某種意義上，這個說法是正確的。如果人們夠害怕或有足夠的動力，就會試著順從或去做到被要求的事，但也不會多做。若能持續獲得獎勵或避免懲罰，他們會持續去做，但只是暫時的遵從和順服。他們的動機是獲得獎勵或避免懲罰，而這種被強化的行為（教

訓）最終會被遺忘[15]。

　　這遊戲變成「我要怎麼做才不會被抓到？」這種取向會阻礙孩子精熟新技巧和發展能力的自然渴望。在討論使用後果時，應該自問：什麼對孩子來說是可教導的教訓？孩子的長期目標是什麼？這是順從還是自我控制？（換句話說，目的是要培養出依靠外部激勵的孩子，還是培養出擁有價值觀和信念，知道應該如何在世上行事的孩子？目的是鼓勵孩子為自己的行為負責，還是盲目遵循別人的指示？這計畫是要培養孩子根據自身利益行事，還是根據事情是否正確來做出決定？）

　　如前所述，有理智的人不會因為孩子身體的傷害而懲罰他們（例如因為斷腿、血流不止而躺著，因此無法完成家務）。懲罰對痛感引發的行為（亦即因生理、情感或心理疼痛而引起的行為）並不適當。

　　此外，懲罰一個曾受過虐待或疏忽而低自我價值和低自我效能的孩子，只會貶低他們，並且強化其自卑和被拒絕感。照顧工作者選擇使用後果，應該符合自然或邏輯，並且只是做為一種激勵工具。如果孩子沒有意識到自己的行為不適當，後果可能會有用，而且通常第一次就會有效。這些後果只需要被用過一次，孩子的行為就會停止，並且學到教訓。

　　使用後果的時機。究其定義，後果是個人作為或不作

為所產生的結果。如果孩子要從後果中學習（無論是正面或負面），學習應該發生在事件之後，而且必須有足夠的效果讓孩子：(1)可以記住；(2)受到激勵；(3)能在下次發生相同情況時，採取替代的行為。這代表孩子必須已具備所需的知識和技巧，能更適當的處理情況。孩子必須是「能夠」卻「不願意」的狀態。這也意味著孩子能記得從後果中學到的教訓，而下次面臨同樣後果的想法，足以成為改變行為的強大動機。使用後果策略是一種激勵工具。正如羅斯・格林所言⑯，「激勵策略無法讓不可能的事變為可能，而是讓可能的事變得更可能。」最好在以下時機使用後果（見下一頁的表 15「使用後果」）：

- 孩子過去曾展示出達成期待的能力。
- 期待是合理的。
- 孩子記得後果，會在面對相同情況時受到激勵。

使用自然後果（natural consequences）的方法。選擇什麼都不做，因為自然後果就是那麼自然。照顧工作者必須有意讓事情的進程自然發生。後果是孩子的作為或不作為所產生的結果。孩子可以從其行為導致的結果中學習。例如：

表15│使用後果

觀察

孩子沒有在打掃房間

評估

孩子沒有意願（缺乏信任、信念、勇氣）

孩子有能力

期待是合理的

回應

自然後果	邏輯後果

結果

自我效能感可能降低	關係可能受到傷害
期待未達成	期待未達成

　　傑林沒有整理房間，地上亂成一團。傑林沒看見自己最喜歡的髮夾，結果髮夾因為被踩到而碎成好幾塊。

　　傑林，我很遺憾你最愛的髮夾壞了。我知道這對你來說有多重要。我們一起來打掃房間，這樣你就不會再失去其他重要的東西了。

　　使用邏輯後果（logical consequence）的方法。若是可

能，邏輯後果應該由在同個生活空間中生活、工作、遊戲的孩子和大人們共同商定。一旦大家都同意了，可以在事前提及，並且在事發後應用。邏輯後果通常包括對孩子造成的傷害或損害進行賠償。對孩子來說，協助修復被破壞的東西是可以理解的，也讓他們可以「彌補過失」。這為孩子提供彌補的機會，並且可能透過表達對他人的關心，協助孩子發展出同理心。例如：

如果有人不繫安全帶，就不能坐車。如果有人弄壞了東西，要麼是修理它，要麼是替換它。如果有人說了傷人的話，就要道歉並設法彌補。

邏輯後果對孩子的限制，不包含與家庭相處、參與正常的例行常規作息，也不包括限制他們參加活動。能力中心原則是要求透過活動和例行常規作息，教導孩子應對日常生活挑戰所需的技能。限制孩子參與這些教導他們達成期待所需技能的活動，屬於禁忌且有害的行為。

提醒孩子先前已同意的後果。建立經過同意、對孩子行為合乎邏輯的後果。這些後果可能會反映在最後可能發生的事，但不會立即發生。提醒並不是以後果來威脅孩子。例如：

提醒孩子：「當我們去商店的時候，每個人都需要繫上安全帶，否則就不能坐車。」

讓後果發生。一旦後果已經被建立與理解，允許行為發生，並且在事發後應用後果。例如：

拒絕繫上安全帶的人，就不能坐車。

關於懲罰、獎勵和其他動機機制的看法

當安置照顧的孩子無法達到期待時，照顧工作者和團體有責任找出他們未能成功的原因，以及可以如何幫助孩子在下一次達成期待。本章介紹了五種基本方法，並且解釋何時與如何應用這些方法。這些方法反映出 CARE 模式中的核心原則，基於對創傷和痛感引發的行為的理解；正向的兒童和青少年發展；優勢觀點、能力中心、個別化的方案計畫；關係為本的實務。

集點積分、級別、獎勵和懲罰可以提供外部動機（獲得獎勵或避免受罰），並且產生立即的順從（由於恐懼或為了得到想要的東西），但無法產生長期持久的結果[17]。孩子擁有個別的技能和內在資源，而一般積分制度、級別和外部強化系統並不考慮這一點，也無法顧及孩子和家庭的多元文化與社會身分[18]。僵化的積分和級別系統專注於贏得

或失去的活動，並且不容許個別化調整，往往會對療癒環境的營造產生反效果[19]。當大人傾聽孩子的心聲時，會了解這些系統讓孩子感覺「被強制」（done to）而非被支持，可能導致依賴交易式的互動，而不是以關係為本、能力中心來互動。此外，這些系統也可能妨礙孩子對自主、能力和關係的發展內在動機[20]。

曾經歷過逆境和創傷的孩子習慣受到懲罰，但往往不理解原因[21]。依賴獎勵和後果，可能會重現孩子與過往照顧者之間的強制性人際互動和關係，進而造成再次創傷[22]。照顧工作者每天時常面臨巨大的挑戰，畢竟孩子因痛感引發的行為和測試界線的行為，看起來往往像是在尋求懲罰。有時照顧工作者以負面懲罰的方式回應孩子，只是因為覺得沒有其他的選項。當人們不知道該怎麼做的時候，會傾向以懲罰他人的方式處理[23]。持續應用創傷知情和能力中心的取向，需要技巧、訓練、支持、教練、反思實務。

能力中心的組織

就像創傷知情的組織會從上到下支持、促進創傷知情實務一樣，能力中心的組織會在所有層級促進專業成長，並且專注於專業能力的熟練程度。做為一個學習型組織，所有人都被期待將孩子的福祉放在首位，並且主動發展新的技巧和能力。就如同 CARE 變革理論所述（見第 42 ～

43 頁的圖 2),孩子的正向成果有賴於照顧工作者的知識和實務工作。照顧工作者的知識、信念、動機和技巧,則是透過督導、訓練和反思實務來發展。在一個促進、支持組織學習和個人專業發展的組織結構中,這種發展最能有效實現。倘若組織所有層級都能推動和支持不斷的專業發展,便能進一步邁向「努力達成孩子最佳利益的協同一致性」這目標(見表 16「組織層級:能力中心」)。

表 16 | 組織層級:能力中心

層級	CARE 原則的實踐
外部組織	支持基於最佳實務原則的照顧體系,為維持最佳程度的運作,允許組織挹注資源於專業發展。
領導管理群	為員工的專業發展活動提供時間和經費等資源,包括對組織各層級的規律督導。重視專業能力,透過社群的實踐活動和訓練予以支持。
督導	督導專注於員工和照顧工作者的優勢和專業成長領域。為員工和照顧工作者制定最佳實務原則的個人專業發展計畫。
照顧工作 教導 團隊工作	計劃並執行能發揮孩子自身優勢和興趣的機會。活動設計是為了協助孩子練習新技巧、體驗成功、提升自我效能感,而非獎勵或懲罰。
孩子和家庭	孩子和家庭在具挑戰性的任務上獲得成功經驗,並且因為受激勵而嘗試新的互動和行為方式。

老師或獄卒

　　當一個人試圖改變另一個人的行為時，尤其是大人與孩子一起工作的情況，這其中可能涉及潛在的倫理議題。當一個擁有巨大權威的人試圖改變另一個人的行為時，就會存在一種固有、無可避免的權力失衡㉔。當權力被他人奪走時，人們的自然反應是試圖拿回控制權。這些情況便導致權力競奪，通常是為了自主、成長和身分認同的競奪㉕。孩子需要成為安置照顧中的主動參與者，並且對他們的未來有發言權。

　　遵循倫理和人道進行實務工作，以及承擔療癒者和老師的角色至關重要。照顧工作者在決定如何回應孩子的行為前，首先必須要能了解他們行為背後的意義。孩子是否有能力、有意願，或是兩者皆無？為了人們做不到的事而懲罰他們，這種做法不僅沒有效果，還可能導致長期的負面影響。照顧工作者需要問自己一個主要問題：他們是想採取教導、示範、教練和指導等方式，幫助孩子學習生活技能和利社會行為，還是想要求服從和順服。當孩子的行為不如預期時，照顧工作者該扮演什麼角色？孩子的長期目標是什麼？幫助孩子學習重要的生活技能，可以提升他們的心理韌性、增進正向發展的能力㉖。幫助孩子克服困難和學習重要的生活技能，這是為了孩子的最佳利益，也必須是照顧工作者和組織首要的關切事項。

原則六：
生態導向

22 創造療癒的環境

當種植蔬菜而它長得不好的時候，你不會去責備蔬菜。
　　　　——釋一行（Thich Nhat Hanh），越南佛教僧侶

　　CARE 服務模式提供了以原則為基礎的指引，藉此改善組織內所有的關係，並且創造一個促成復原的療癒環境。就如 CARE 變革理論（見第 42 ～ 43 頁的圖 2）的概述，孩子復原和成長的關鍵途徑，是提供並營造孩子的安全感和連結感，同時培養其能力和自主。

照顧環境的生態

　　布朗芬布倫納的研究[1]聚焦於孩子發展的生態觀點，以及環境對孩子發展的重大影響。當大人營造出安全的培育環境時，孩子不僅可以復原，還能持續學習、練習重要的生活技巧。如此環境為孩子提供了茁壯成長的場域[2]。療癒

和正向的環境提供孩子舒適和安全，並且強化照顧工作者培育滋養的能力③。在正向的氛圍中，孩子體驗與大人、同儕間溫暖及關懷的關係，享受在這個環境中度過的時光。正向療癒環境中的大人對孩子的需求具有敏感度，並且關切他們的觀點。這裡是大人和孩子一起工作、遊玩的場域，並且提供關乎孩子和家庭所處世界的經驗和學習。

「生態思維」（Ecological thinking）關注人們與環境之間的相互關係（給予和接受），亦即他們與環境如何互動。人們透過「持續相互適應」（continuous reciprocal adaptations）的過程，改變其物理、情感和社會環境，同時也被這些環境改變。當一切順利時，這些適應會支持孩子的成長和發展，也豐富了環境④。

孩子和照顧工作者的每日互動、工作和遊戲的日常活動、獨自遐想或反思的時間、完成的日常例行作息常規，這些都是一個人在家外照顧或家中生活經驗的主要組成部分⑤。所有孩子都需要正常的發展經驗，能像其他人一樣感受到被接納，並且因為自己的身分、為「家庭」付出的貢獻而受重視。這些日常和平凡的生命經驗，有助於孩子發展出歸屬感、信任、能力、自主。

孩子想要正常

本書一再提及，安置照顧的一項共同目標是發展「正

常感」[6]。孩子想要感受到正常，並且接受正常的對待。住在家外照顧的環境、因為情緒或行為「問題」而接受「治療」、感覺像局外人、上特殊學校……這些經驗會讓孩子與同儕有所不同。「需要接受特別幫助」會讓孩子自覺不同、有缺陷、羞愧[7]。提供機會讓孩子去做「正常」兒童和青少年會做的事，可以給安置照顧的孩子一種正常感。當孩子在正常環境中參與社區活動時，他們有機會和正面的角色模範互動，進而建立起廣泛的健康關係。發展正常感意味著為孩子提供機會，讓他們經驗並發展出理解、欣賞正常家庭和社區生活樣態的能力[8]。

　　所有照顧工作者對於自己照顧的孩子，都該了解並熟悉他們在發展上「正常」的行為。孩子應該被鼓勵，並且有機會表現得像社區中同年齡層的孩子。這可能是在肩膀上披床單，假裝自己是超級英雄並繞圈奔跑；或者是花很長時間在鏡子前梳理或編頭髮。向其他孩子借化妝品、弄丟一隻鞋子、用餐時間遲到等，這些都是正常會發生的事，可以幫助孩子依循典型的發展途徑成長和發展。孩子需要協助，從而學習如何當個「正常」的青少年或「正常」的九歲小孩。

　　倘若孩子要發展社區生活所需的技能和資源（社交能力），並且成為功能良好的大人，他們需要有機會去嘗試新的技巧、體驗正常的互動和日常事務。在餐廳吃飯、

逛街買衣服、在社區活動中心打球，這些都是孩子在家中和社區裡的日常經驗。提供盡可能接近每個孩子社區常態典型和健康的經驗，可以為孩子返回社區生活搭起橋梁。照顧工作者在和孩子對談時，應該避免機構化的術語或行話，並且使用一般普通的語言來強化正常感。雖然這是很簡單的概念，執行起來卻很困難。為孩子創造體驗時需要縝密的思考和計畫，考量到他們的文化和社會身分，以及近端發展區。

物理環境：切換焦點從寓所到癒所（from Housing to Healing）

物理空間對孩子和大人的感受和行為有深刻的影響。創造一個創傷知情的物理環境，可以促進安全感、促成復原、鼓勵遊戲與建立關係的活動、減緩壓力和焦慮，並且為所有人提供正向的環境。關注物理環境的照顧工作者，可以透過消除環境中的壓力要素（如過大的噪音或缺乏自然光線）、納入已知能夠減緩壓力和強化應對資源的支持環境要素（如接近大自然、促進社會支持的共同空間），從而影響孩子和照顧工作者自身的生理和情感健康[9]。

牆上的照片、桌上的燈、房裡的海報和家庭照片，提供更多「像家一樣」與個人化的感受和外觀。小組式的家具擺設，可以促進個人之間的討論和互動。空間配置會控

制行為，並且促進或阻礙發展目標。允許孩子個人化其臥房或讀書空間，有助於給予孩子屬於自己的空間感，並且支持他們發展身分認同。讓孩子參與設計空間，可以達到確保其心聲被聽到、需求被滿足的雙重目的，同時也建立起對空間的所有感和責任感，有助於核心能力的發展[10]。

　　私人空間。孩子需要可以宣稱屬於自己的私人空間。私人空間不僅可以確認自我和自身的價值觀，也是反思和充電的必要場域。每個人偶爾都希望能獨處，並且有個可以屬於自己的空間。孩子需要有放置個人物品的私人空間，以及可以自己布置的地方。一個人是否擁有保證的私人空間，直接關係到他的恆久感[11]。對經歷過創傷的孩子而言，在感到不堪重負時若有個能去的地方，有助於發展重要的情緒調節技巧。如果孩子的臥室或私人空間設計能促進安全和保護，他們就可以在高壓時刻練習重要的情緒調節技巧。

　　對每個人而言，床和房間都具有重要意義，對安置照顧的孩子來說尤其重要。臥室意味著恆久性、可以在一天結束時回去的地方。這裡也是孩子在安置照顧中度過 1/3 時間的地方。床、床墊、枕頭、寢具、家具等，這些都會影響孩子晚上是否有良好的睡眠，讓他們早晨醒來擁有所需的休息和能量，可以面對一整天的挑戰[12]。隨意或頻繁更動房間和床位，顯示了對孩子的不關切和不穩定。

孩子如何在自己的個人空間安排物品，透露出他們的價值觀、優先順序和感情。光是走進孩子的房間，就是一種有用的評估工具。孩子如何維護他們的空間、展示他們的物品，可以讓照顧工作者理解他們感受如何、重視什麼、有哪些願望。允許孩子個人化自己的空間，有助於他們感覺到歸屬，擁有一個屬於自己的安全地方。這些需求對所有孩子都極其重要，對安置照顧兒少更是如此。

　　一間帶有微笑、吸引人的物品、開放空間的房子[13]。想要營造創傷知情的物理環境，包括對保持整潔與美觀設計的關注[14]。這個物理環境應該是舒適的、乾淨的、有序的，有適合孩子的優質家具、充分的遊戲與活動空間，以及接觸自然環境的機會。感官物品和情境也很重要。聲音、氣味、視覺和實體物品是否令人愉悅或具有吸引力？是否有物品能讓孩子觸摸、移動和遊戲？是否容易走出戶外和接近大自然？

　　環境中有兩個對孩子產生刺激或冷靜效果的常見元素，分別是「照明」和「噪音」。光亮、刺眼的天花板照明，比柔和的桌燈更具刺激性。嘗試在光線不足的房間讀書，將為本就困難的任務再增添難度。同樣，噪音水準也會影響孩子和照顧工作者的整體寧靜或興奮程度。

　　空間影響日常互動。物理配置會強化或阻礙日常活動。物理環境的安排應該要能引出期望的互動和行為。正

如我們在關於促進健康發展、培養能力的章節所述，孩子透過遊戲而學習、成長、發展。是否有空間可以遊戲？是否有鼓勵遊戲的「道具」？是否有時間可以遊戲？空間的配置想鼓勵什麼？不鼓勵什麼？是否有讓大人和孩子聚集的公共空間？孩子能找到一個獨處、暫時遠離互動的地方嗎？整個環境的維持和設計方式，述說了孩子如何接受照顧關懷。

環境管理通常能預防問題的產生並促進秩序。例如在晚餐或作業時間，照顧工作者可以特意坐在附近，以便在孩子有需要時提供額外的監督和支持。當孩子坐下吃飯時，如果照顧工作者只是站在一旁觀看，沒有坐下來交談，孩子會覺得被監視和／或守衛，而不是受到支持。孩子是否有離開團體或家庭的獨處空間？是否有地方能安全存放個人物品？物理環境能根據孩子的成長需求調整嗎？管理與有目標的安排物理環境，可以促進孩子成長和發展所需的互動和活動方式。

情緒和社會環境

心理韌性相關研究指出，環境中還有其他因素，可以保護孩子免受風險影響，並且激發他們內在的健康成長和發展潛能。這些環境因素包括：與那些傳遞高期待訊息的成人建立關懷關係、參與和貢獻付出的機會[15]。若這些因素

出現在療癒的環境中，孩子就能感受到自由和成長，以及與某事或某人之間的連結。

大人。為了讓環境有療癒性，我們必須提供一個持續支持、安全的地方，幫助孩子從創傷中復原、達成正常的發展任務、學習重要的生活技能。這些目標能否成功實現，很大程度取決於大人和孩子的互動，以及彼此之間形成的關係[16]。照顧工作者成天對孩子需求和觀點的持續覺知和關心，引導著他們與孩子的互動。照顧工作者（個人或團隊）必須以一致的方式回應孩子，幫助他們達成關鍵的發展任務。建立發展型關係不僅能滿足孩子的需求，還可以為他們的情緒和社會發展奠基。

機會。當孩子參與有趣和挑戰的活動時，他們可以學習、發展關係、享受團體的歸屬感、發揮創造力、解決問題。這也讓孩子有機會去貢獻付出，並且將自己擁有的一些東西給予他人。透過給予他人的行動，孩子的自我價值和自我效能感也會因此提升[17]。透過參與活動、對他人和社區付出貢獻，孩子可以培養出意義感、尊重、力量。

訊息。即使孩子不相信自己，仍要相信他們，這會傳遞出他們可以成就和成功的訊息。關懷關係的核心是清晰和正向的期待。相信孩子能成功，並且能將這信念傳達給孩子的照顧工作者，可以挑戰孩子去實現目標和夢想。根據孩子的優點、興趣、希望來激勵他們去嘗試，可以發揮

其天生的學習和成長潛力⑱。

文化空間：讚揚多元和包容

孩子多元的文化和社會身分認同，應該要在生活空間中隨處可見。正如第 7 章所述，文化回應實務包含營造一種尊重、認可，以及對背景和經歷不同者開放的氛圍。環境如何反映居住其中孩子的文化差異？如何承認多元，這取決於環境中出現的大人、兒童和家庭。一般來說，安置照顧的孩子來自與照顧工作者極為不同的背景、文化、社會身分認同。保持好奇、謙卑、自我覺知和敏感度，是具文化回應實務的核心，也有助於營造擁抱多元、平等和包容的文化空間。

創造安全空間

孩子面臨到最大的挫敗和恐懼，通常是發生在生活空間中（家庭、團體、學校、安置機構）。對安置服務機構來說，提供孩子安全的地方來克服這些挑戰至關重要。接受家外安置照顧的孩子可能有過低成就、沒滿足其他環境大人和社會要求的經歷。照顧工作者可以結構化環境和孩子的經驗，使他們能根據自己的能力取得成功，並且有機會以正向的方式去處理衝突和問題，而不是重複過去的負面經驗。照顧工作者需要在「自己的要求」與「孩子回應

這些要求的能力」之間取得平衡。社會和情緒環境的設計應該滿足每個孩子的需求，同時也要維持秩序感。發展適切照顧工作的基礎，在於使用多種個別化策略來滿足每個孩子的具體需求。這需要彈性和團隊合作。為了使環境成為有效的療癒工具，孩子必須有機會與大人、同儕建立關係，而環境也必須經過縝密的設計，在孩子的近端發展區內提供可行、相關、正向的學習機會。

23　安全、結構和機會

個人生命的追求和方向並非確定於大事之中，而是出現
在生命的細微之處。

—— 亨利・邁爾

　　每個人對如何扶養孩子都有自己的看法。當責任是幫
助處於安置照顧環境（例如親屬照顧、寄養、團體、特殊
學校、住宿式機構）的孩子時，照顧機構和工作人員需要
創造出一致的環境，建立促進復原和正向發展的氛圍，將
孩子置於方案和計畫的中心。這需要有意識的為孩子創造
大量機會，讓他們可以提升自我效能感和自主，以及在正
向的文化和療癒環境中，設計一個能讓孩子找到目的和與
他人連結的空間。這種理念的核心是「為孩子最佳利益服
務的協同一致性」和「創造一種正常感」[1]。

建立安全和結構

遵循 CARE 原則並營造充滿信任、尊嚴、尊重、參與、投入、個人化和學習的氛圍，這是療癒環境的基礎，負責照顧孩子的組織和大人，必須避免發展出權力和控制、「一體適用」（one-size-fits-all）的方案、平庸的文化。「設定期待」需要基於孩子和照顧者在支持下可以實現的目標。創造療癒環境需要在「提供讓孩子感覺安全和保護的適當架構」與「保有彈性以回應不斷變化的需求」之間找到健康的平衡。

溝通出能究其所以的架構

在孩子的早期生活中，照顧者開始溝通期待和要求遵守安全規則。隨著嬰兒和幼兒進入童年早期，大人要求孩子遵守家庭的行為標準，以及文化或社會規範。隨著孩子透過日常生活常規學習這些期待，他們內化這些行為和遵從行為的標準。這是自我控制的初期發展。具敏感度和共情的照顧結合堅定而溫暖的教養方式，有助於發展自我控制。不幸的是，許多安置照顧的孩子過去經歷了不一致的照顧，以及矛盾的訊息和期待。

「與孩子溝通能究其所以的架構，有助於他們發展對日常生活的意義感和理性思維。」②規則、例行常規、期待應該由所有會受其影響的人共同討論、理解和同意。要

求孩子遵從指示，不能提問或不究其所以，這不僅是大人權力的濫用，更會失去幫助孩子建立生活技能的機會。需要銘記於心的是：信任是一切的基礎。這始於清楚表明期待是什麼與為何重要，以及確保孩子具有成功所需的技巧和支持。當大人提供孩子成功所需的協助時，就建立起信任，並且提高了孩子的自我效能感。

規則與期待

幫助孩子發展新生活技巧的一個方法是：根據個別孩子發展階段的特定需求來設定期待。就如前文所討論，高期待訊息能促進孩子的發展，幫助他們克服逆境③。組織根據孩子的能力、維持有序環境的重要標準來設定期待。期待並非規則。規則強調的是保障每個人的安全。

秩序與控制。營造出秩序感和維持控制有所不同。秩序感、可預測、穩定、關懷的環境結構，以及具情緒能力的照顧工作者，這些促成了正常成長和發展。控制和權宜的氛圍阻礙發展適切的照顧工作，並且營造出一種壓迫環境。沒有人喜歡被控制，尤其是在安置照顧中的孩子，對生活中許多基本事物幾乎沒有控制權。關鍵是要保持秩序和結構，讓孩子能運作、培養能力、發展更多的自主與獨立。若不使用經常導致權力鬥爭和激烈行為的控制策略，這目標可以實現期待。設定且維持對孩子切實可行的期

待,這是發展過程中很重要的一部分。創造一個孩子可以茁壯成長的環境,意味著設定結構、建立生活例行常規、傳達正向訊息(例如「你是個有能力的人」)。焦點是放在期待本身,而非違反期待。無論孩子是否達成期待,它都依舊存在。當孩子沒能達成期待時,這不該被視為不遵守的議題,而是照顧工作者協助孩子在未來達成期待的挑戰。獲得技能才是目的。如果照顧工作者因孩子未達成期待而扣分、降級、給予後果,焦點就變成「要怎麼讓孩子遵從後果」,而非「如何透過發展新的技能和健康習慣來達成期待」。照顧工作者的角色是協助孩子學習達成期待的方法,因為這些方法是重要的生活技能。這有助於避免權力競奪,將焦點從「誰說了算」(who is in charge)轉為「如何幫助孩子學習新能力,並且每天取得成功」④。

　　規則。規則設定了行為的界限和最低的期待,其焦點是為孩子和工作人員提供安全和保障,並且讓所有人遵守。有效的規則會以正向方式表述,描述人們應該採取的行動。透過具體說明預期的行為(而非禁止的行為),規則會變得更清晰、明確且容易遵循。例如「在車上要繫好安全帶」、「火災警報響起時,每個人有秩序的離開建築物」。規則愈少,照顧工作者和其他人就愈有彈性,能依特定情境對每個孩子做出最適切的回應。規則愈多,照顧工作者就愈可能變成規則的執行者,而不是受過訓練,可

以支持、鼓勵、教導孩子的專業工作者。規則是一種指引和控制行為的權威方法，僅限於確保安全和保障方面效果最佳。

設定期待

想確保能成功達成期待，這始於明確理解期待是什麼與為何重要，以及確保孩子具備成功達到期待所需的技能和支持。期待應該要合理，並且是孩子健康成長和發展所需。以下幾項指引能協助設定實際可行的期待。

合理和公平。每個孩子都有個別的需求和能力。如果目標合理和公平，提供公平和個別化的期望就是實現目標的方法。公平並不是無視需求或其他個別差異，以相同的方法對待每個人。平等和公平意指每個人都能得到邁向成功所需的支持。無視年紀和能力差異，期望每個孩子需要相同的支持去達成相同的期待，這樣既不合理也不公平。設定期待若能滿足個別孩子的需求、具創傷敏感度、符合其近端發展區，則有助於營造出療癒的環境。

發展適切和能力中心。孩子會依照其發展階段有不同的能力，如果孩子要持續學習，期待就需要隨他們的改變而改變。照顧工作者需要能透過孩子的肢體語言、口語和非口語的行為，讀懂他們的擺盪規律，進而給予個別孩子應對日常生活所需的支持和鼓勵。設定有助於孩子學習生

活技能和常規事務的期待，既有利於孩子成年後的生活，也符合孩子的最佳利益。

切實可行的期待是

- 合理和公平
- 發展適切和能力中心
- 相互同意

相互同意。若孩子能參與設定「有助於自己實現個人目標」的期待，就會更有動力去達成這些期待。讓孩子參與設定自己的期待，能幫助他們學習做出好選擇，並且支持其努力做出更好的選擇，這是功能良好的家庭所具備的特質之一⑤。這裡是彈性和教育的地方。如果療癒照顧的目標是「培養」有能力、有責任感的孩子，就必須讓孩子有機會學習如何負責任和應用能力。這遠超過只是讓孩子安靜遵守秩序，或是因為沒遵守而受罰。幫助孩子學習如何負責任，包括理解期待、審視選擇、做出決定、採取行動、獲得回饋。

切實可行的期待會引導孩子傾向對自己和環境都有益的行為。當照顧者在不強加控制孩子的情況下維持環境秩序時，就能營造出正向的氛圍。秩序的維持，可以透過與孩子溝通期待、讓孩子參與設定自己的期待，以及確保這

些期待實際可行、公平、發展適切。

照顧的節奏

當人們跳舞、打乒乓球、丟球時，他們暫時有所連結，並且有一種一體（unity）的感受。照顧工作者可利用有節奏的互動（rhythmic interactions）與常規事務來建立關係。有節奏的活動能提供重複和連續的經驗，並且帶來可預測性，這些都是營造安全環境的重要元素。照顧工作者可透過參與有節奏的互動、建立可預測的例行常規，幫助孩子經驗一體和穩定的感受。

從睜眼醒來到上床睡覺，一天之中的各種活動建構了孩子的生命經驗。由於所有孩子都受到自身生活經驗極大的影響，所以謹慎考量他們需求的日常活動，可以激起學習和技巧發展。日常活動可用來增強因應能力、強化防禦機制、防止挫折感和增強自我控制、培養出重要生活技能和例行常規事務，以及促進健康的個人習慣。日常的例行常規事務和活動也能教導孩子，透過愈來愈熟練、自主、獨立的方式處理每天的生活任務。嚴格且僵化的例行常規和作息，只是滿足照顧工作者或機構的需求，結果忽略了孩子的需求，將會在照顧上去個人化，並且在照顧工作者與孩子之間造成問題⑥。照顧工作者必須記住，生活例行常規事務和活動是幫助孩子感到安全和保障、發展關係、實

現發展里程碑、培養能力的關鍵。

例行常規

幫助孩子感到正常,包括在每天、每週、每年建立起正常的節奏。上課日和週末、學年和暑假之間存在著差異。透過根據孩子年紀而定出的規律家務、典型就寢時間、家庭的用餐方式等,可以「營造家的體驗」。規劃良好的例行常規⑦對於滿足基本生理和安全需求至關重要,同時也為歸屬感奠定了基礎。規劃良好的例行常規具有以下幾個要素:⑧

可預測、一致的結構和對行為的期待。例行常規清楚概述對於照顧孩子最基本的期待,同時也為孩子劃出界線,可以在界線內實驗和犯險。當所有照顧工作者保持著一致的期待時,有助於讓這些界線規範跳脫照顧者個人因素的影響,也避免權力競奪。這不是隨便一位照顧工作者「強迫」孩子做某件事,而是一種需要被達成的基本期待。舉例來說,「學校上課日的就寢時間是九點,這樣你才能有良好的夜間睡眠」,任何幫助孩子就寢的人都會有這種期待。這種對一天生活的架構,也為孩子的生活提供了安全保障和可預測性。

以足夠彈性滿足孩子的個別需求。比起其他孩子,一些孩子可能需要更多時間去完成某些常規事務。舉例來

說，如果一個孩子需要比其他人更多的時間準備上學，那他的常規作息可能就需要調整，比其他孩子早幾分鐘叫醒他。例行常規應該是透過設定有助於孩子達成日常期待的時程表，幫助他們達成日常期待，而不是要求孩子遵守命令或導致過度挫敗和壓力的時程表。在孩子的近端發展區內設定例行常規事務，有助於他們建立能力、避免衝突和危機。

培養滿足孩子需求的好習慣。規劃良好的例行常規教導孩子終身受用的好習慣。例行常規應該是因孩子的需求而設立，而不是為了照顧工作者和機構的方便。例行常規如果設計得宜，將有助於照顧工作者教導孩子如何善用時間，以及為必要的日常任務（例如起床、淋浴、吃早餐和準時上學）設定合理的期待。

個人和團體／家庭需求之間的平衡。家庭和團體是由個人所組成。要在滿足每個人需求的同時還提供結構和可預測性，從來不是容易的任務。這意味著例行常規不該是「刻在石中」恆久不變，應該不斷評估它們對個人、團體或家庭是否適宜和有用。若例行常規協助孩子成功度過一天，卻沒有教導他們技巧，或許就有必要改變或取消這個例行常規。孩子可能會需要更多或更少的結構。想要保持彈性和滿足孩子不斷變動的需求，需要良好的觀察力和評估技巧。

規劃良好的例行常規元素

- 可預測、一致的結構和對行為的期待
- 以足夠彈性滿足孩子的個別需求
- 培養滿足孩子需求的好習慣
- 個人和團體／家庭需求之間的平衡
- 將孩子的一天劃分為可管理、可辨別的區塊

將孩子的一天劃分為可管理、可辨別的區塊。對因應能力受限的孩子來說，如果一天能切分為較小的時間段，他們更能夠知所應對。面對完整的一天可能會讓人不知所措，循序漸進的例行常規提供清楚的指示和期待，可以減低孩子一天中對「何人、何時、何地」的焦慮。這本身就能預防重大的情緒崩潰。

為了有助於能力的養成，照顧工作者需要幫助孩子看見「日常活動」（例如整理臥室）與「成為有能力的人」的相關性和關聯性。如果例行常規和培養重要生活技能沒有關聯，那這個例行常規為什麼必須存在呢？如果孩子害怕去上學、對洗澡有強迫症、總是感覺不適，照顧工作者就需要調整例行常規和日常活動，想辦法找到處理這些情況的方法。例行常規和結構可做為一系列的指引、界線和期待，隨著孩子的改變而有所改變。

每個人生活都需要例行常規和結構，有些人可能比其

他人更需要。一天之中還有某些特定時刻（例如早晨、用餐時間、夜間、過渡時間〔transition times〕），需要特別敏感和細心關懷來管理。

早晨與夜間例行常規

　　起床和早晨的例行常規為一整天定調，需要細心規劃和執行，才能讓一天順利開始。當孩子剛睡醒時，有些可能沉浸於快樂的夢境，有些則可能經歷了惡夢，起床意味著他們必須從舒適溫暖的床鋪，過渡到一個充滿互動、壓力和要求的世界。任何曾經歷過離家的人（例如在朋友家過夜、旅館住宿、住院、參加營隊），都知道在一個陌生環境醒來是什麼感覺，有時周遭充斥著陌生人。某些孩子醒來時，會被提醒昨天充滿了問題或失望，糟糕的情緒可能湧上心頭，使他們難以面對新的一天。因此，早晨的常規作息最好盡可能安靜與溫和，有助於孩子以正向的心情開始一天。

建構例行常規的提點

- 個別化例行常規
- 給予足夠的時間
- 注意並回應孩子的發展需求

夜間的常規作息代表一天活動的結束，並且為一天的完結做準備。成功的夜間例行作息可被預測，其目的是減少刺激[9]。就寢時間可能對某些孩子造成情緒／心理困擾。在這段獨自思考的時間，他們可能因此想起過往不愉快的經歷。曾遭受性虐待的孩子可能會在這時感到困難。照顧工作者在協助孩子因應夜晚的恐懼時，需要保持冷靜和支持。他們應該避免進行沉重的輔導或交談，而是幫助孩子入眠，讓他們獲得所需的休息，進而在隔天成功應對。

讓早晨、夜間例行作息及所有例行常規能順利進行的建議如下：

個別化例行常規。依據孩子的喜好，以敏感和細心關懷的方式叫醒孩子和協助就寢[10]。在起床時間，照顧工作者安靜走入孩子的臥室，用一種平靜與令人安心的語調說話，能為早晨奠定正向的調性。在就寢時間，透過閱讀故事、坐在床邊陪孩子入睡、播放一些安靜的音樂等方式，這些都能給予孩子安全保障和舒適的感受，幫助他們放鬆和入睡。

給予足夠的時間。早晨的常規事務應該給予充足的時間，讓孩子在上學前完成各項任務。有些孩子可能需要更多的時間和協助，才能達成合理範圍內的期待，例如吃早餐、洗澡、整理床鋪、準時上學。關鍵在於，早晨常規事務所需的時間不該讓孩子感到匆忙或等待過久。舉例來

說，不斷催促孩子「快點」，或是在早餐吃完前就要他們離開，可能會讓孩子還沒有進到學校，就已感覺處於什麼都沒做完的落後狀態。另一方面，時間過多可能會讓孩子開始玩起遊戲，然後又因為時間到了，不得不在遊戲結束前離開。兩種情境都可能觸發挫折沮喪和壓力反應。上學日的晨間例行常規，目標是讓孩子準備好面對一整天的學習，而不是感到挫敗沮喪、生氣、過度壓力。

隨著夜幕降臨，可以調低燈光、透過安靜活動降低噪音、吃點心、淋浴或泡澡，這些都能引導孩子就寢，獲得良好的睡眠。重點是要仔細計劃，避免孩子去做一個時間不夠或過度刺激的活動（例如看電視節目、參與可能增加壓力的競爭遊戲或活動）。這在團體照顧中更為重要，因為一個孩子的壓力程度可能使其他孩子也感受到壓力，進而導致整個例行作息被打亂。

注意並回應孩子的發展需求。不同年齡階段的孩子需要不同的睡眠時間。根據孩子的年紀和發展階段，隱私問題變得愈來愈重要。進房前先敲門，這是表達尊重他人隱私的良好示範。在孩子做淋浴和個人衛生時，給予隱私很重要，對那些可能有特殊狀況（例如身體形象或尿床問題）的孩子尤其如此。對照顧工作者來說，確保隱私和安全可能是個挑戰，特別是針對晨間和夜間的常規作息。照顧工作者需要密切看著孩子，同時又不侵犯他們的隱私。

尊重在展現敏感、理解和接納方面發揮很大的作用。維持良好的關係，並且以敏感和尊重回應孩子，是讓每天例行的這個時段能夠成功的核心基礎。

用餐時間

食物不僅是維持人類生命的必要部分，還充滿情感、心理、文化和社會價值[11]。教導孩子吃能維持健康的營養食物，這是用餐時間的重要部分。在為安置照顧的孩子規劃、準備、提供食物與用餐的時候，必須考量到不同的價值取向。

營養價值。孩子需要在一天當中攝取適當、均衡的飲食，才能促進健康的成長和發育。對某些孩子來說，攝取健康營養的食物可能是一種全新體驗，並且就像任何新體驗一樣，可能會為他們帶來壓力。吃到好食物應該是一種愉悅的經驗。對孩子可能因「陌生或不熟悉的食物」產生的焦慮，照顧工作者需要保持敏感。

心理價值。食物絕對不該被做為懲罰或強化的形式。曾經歷過疏忽和虐待的孩子，可能會將某些創傷經驗和用餐時間連結起來。沒有充足食物的孩子可能會囤積食物。孩子也可能曾經透過食物得到慰藉，因為過度飲食而導致體重問題。在幫助孩子吃健康營養的餐點，或是面對偷竊、囤積食物的孩子時，可能會引起照顧工作者和孩子的

權力競奪。照顧工作者為了避免這些競奪並提供協助，必須要探索驅使孩子行為的感受和需求。食物是基本需求而非特權。扣留、限制孩子的零食與喜愛的食物，或是讓他們吃「不同」的食物做為懲罰，這些方式極度不妥。

社會價值。讓大人和孩子一同用餐，提供了透過示範來學習的絕佳機會。這些對很多孩子而言是全新的經驗。在餐桌上討論每個人的一天、練習恰當的餐桌禮儀、參與用餐交談等，都是幫助孩子精熟重要社交技巧，以及提供「正常」環境的方法。這是照顧工作者和孩子的共同活動，可以用來交流與享受彼此的陪伴。關鍵是要記住，用餐時間通常是連結孩子家庭和文化價值的時刻。

過渡時間

過渡是指從一個活動銜接到下一個活動的中間時刻。具有各種神經變異性的孩子，以及在生活中經歷過許多干擾的孩子，可能會在過渡時間遇到困難。突然結束一個活動，或者要求孩子從一個活動轉移到另一個活動，常是某些孩子感到挫敗沮喪的普遍原因。

照顧工作者可以透過一些有創意的方式來銜接到新活動，或是依賴自己與孩子的良好關係，哄他們去做一些不同的事情。例如讓孩子參與充滿活力的活動，像是拋接球、模仿領袖等遊戲，或是討論即將結束的活動與對下個

活動的期待，都是能夠協助孩子成功轉移到下個活動的方法。精心設計這些時刻，將有助於孩子成功應對每天眾多的過渡時間。

傳統與慶祝

在可能讓孩子感到疏離的世界中，傳統能幫助他們感受到歸屬。「感到疏離就是缺乏歸屬感，感覺與家庭、朋友、學校和工作（童年的四個世界）脫節。」[12] 慶祝和傳統賦予安置照顧的孩子秩序、穩定和信心。在安置照顧中創造傳統很重要，比方說團體如何慶祝節日、生日、個人和團體的成功與成就。這是一種將孩子納入照顧環境的方法，有助於他們透過共同經驗而與彼此相互依附。同樣重要的是，照顧機構的工作者要將孩子世界裡的重要他人納入活動中。這意味著了解每個孩子的家庭或團體，知道他們如何慶祝節日、生日、個人和團體的成功與成就。透過這種方式，照顧工作者將孩子世界裡的家庭和其他人納入其中，幫助他們透過共同經驗來強化彼此的連結。有些慶祝傳統是共同經驗的亮點，強化了關係和團體的概念（記得我們贏得年度的才藝競賽嗎？我們上次露營時的營火是有史以來最大的！）。

在孩子的近端發展區內提供正常化的經驗極具挑戰。有些孩子比其他人更能應對正常的例行常規，有些孩子應

對簡單的日常事務都需要個別支持。提供安置照顧的孩子平凡和日常的經驗，需要根據每個孩子的需求和發展，精心規劃並給予特別的支持。一般來說，孩子需要參與令人愉快、有益和有意義的活動和例行常規，以此滿足自己的需求，而安置照顧體系中的孩子更是如此。

可預測的基本例行常規，能為孩子的生活提供治癒和穩定。對孩子來說，知道何時吃飯、睡覺、上學相當重要。若孩子經常因為從一個活動轉移到下一個而感到失控，這些過渡時期對他們尤其困難。將一天中的這些時刻結構化，可以幫助他們與照顧工作者建立信任，並且對環境感到安心舒適。例行常規為滿足基本需求提供了一個可預測的架構。孩子能指望照顧工作者，並且仰賴預定時間預期會發生的特定事情。

24 實踐生態導向原則

我們記不住日子，只記得住時刻。

—— 切薩雷・帕韋斯（Cesare Pavese）

　　為了能正常成長，孩子需要與一個或多個「為他們全然瘋狂著迷」（absolutely crazy about them）的大人發展愈來愈複雜的互動，這是改述自布朗芬布倫納經常引用的發展型關係定義。為了營造讓孩子能安全學習和發展的場域，這些與孩子的發展型關係需要在一個安全環境裡進行，讓他們在沒有過大懲罰的情況下練習新技巧。孩子需要一個安全的環境，讓他們在失敗時承受較小的代價，還需要那些「極度為他們瘋狂著迷」的大人來支持、鼓勵，並且提供孩子再次嘗試的機會。

有目標的方案活動

就如先前討論過的，對遭遇複雜創傷的孩子來說，安全是主要的關切議題之一。CARE 組織不僅致力於保護孩子的安全，也努力讓孩子感到安全，以此因應這個議題。療癒的環境旨在提供能幫助孩子感到安全的互動和活動，並且讓他們在進到有壓力的社會情境前，有機會建立人際技能。

為了取得成功，所有例行常規和活動需要有目標、考量全部參與者的能力、有足夠的資源，以及適當的安排時間。參與工作或社區服務等活動，可以教導孩子責任感、投入於社區，以及在為他人做出貢獻的過程中提升自我價值感。遊戲和休閒活動有助於社會、生理、情緒和認知的發展。當孩子投身參與有趣和挑戰的活動時，就有了發展關係、建立歸屬感、發揮創意、解決問題的機會。那些有目標、考量到所有人能力和需求的活動，能協助孩子發展正向的社會技巧、行為和態度。當活動成功時，就能成為幫助孩子實現目標，並且加強照顧工作者與孩子、孩子與家庭、孩子與孩子關係的寶貴工具。

計劃成功的活動

做計畫是設計出成功活動的關鍵，其中包含設定目標；根據目標選擇活動；了解個人的能力、動機和自我調

節的技巧；確保足夠的資源和空間；具有良好的時機感[1]。

設定目標。所有活動都應該有目標，即使主要目標是為了好玩和「宣洩」也行。活動可以設計用來增強身體協調和力量；增加溝通技巧；發展解決問題或處理衝突的技巧；提升自我控制和情緒管理；改善人際關係和團體凝聚力；灌輸關懷、服務和慷慨的價值觀；培養良好的工作習慣；鼓勵創造力和自由遊玩。

第一步是決定活動的目標。一旦照顧工作者建立了目標，就得以評估孩子的進展、指引遊戲和互動、與團體和／或個別的孩子回顧活動。即使唯一的目標只是為了好玩，可以詢問：「好玩嗎？」「是什麼讓它好玩？」這有助於確認活動是成功的，並且指出其成功的因素。活動的有效性可以透過目標達成的程度來評估。當目標達成時，孩子和照顧工作者可以慶祝他們的成功。當目標未達成時，則是一個從經驗中學習、計劃不同的策略，並且再試一次的機會。

計劃成功活動的提點

- 目標是確定的
- 大家都能夠、願意、準備好
- 資源在活動前已預備好
- 時機是一切

能夠、願意、準備好。考量個人和團體參與活動的準備程度很重要。孩子在大人的支持下,是否具備成功參與的技巧?孩子的動機程度或意願如何?這團體能否透過合作成功完成活動?他們的情緒是否準備好因應活動可能帶來的挫折或興奮?照顧工作者是否能夠並準備好幫助孩子處理這些挫折或興奮?照顧工作者可能需要調整活動或提供額外的支持,以便協助孩子成功參與活動。

資源。在宣布活動前,重要的是準備好設備、空間和材料,讓活動可以準時開始而不受延誤。許多活動之所以泡湯,就是因為孩子在找到材料、做好準備前就失去了興趣,甚至有時還沒找到材料就放棄。對於工作活動和遊戲活動都是如此。同樣重要的是,要有足夠的空間來自由進行活動。活動參與者不應該擔心會打破東西、撞到牆壁或跑到街上。

時機是一切。知道何時開始播歌、說故事、丟球或玩遊戲,都需要掌握好時機點。即興有趣的活動對孩子很重要,因為他們從這些輕鬆、特別的時刻獲得許多樂趣。知道何時、如何讓孩子參與這種即興活動是重要的技巧。雖然這些活動看起來感覺像是隨機即興,照顧工作者應該要心裡有數,並且等待合適的時機介紹它們。為即興活動做好計畫至關重要。

除了知道何時開始活動外,同樣重要的是知道何時

結束活動。許多遊戲或計畫開始時大家都熱切參與，最後卻以爭吵、受傷的感覺和／或威脅孩子「表現」不好的懲罰或後果收尾。一個成功、令人滿足、強化經驗的機會，就在挫折沮喪、壞心情、不適當的行為中結束了。照顧工作者需要讀懂孩子的情緒和耐受度，並且知道何時結束活動。玩遊戲時，最好在遊戲達成或接近高潮、大家最盡興的時候結束，讓孩子意猶未盡。這樣下次照顧工作者需要玩遊戲，或是想要激勵、分散注意力、重新引導孩子的時候，肯定可以成功！

在團體中生活和學習

安置照顧的孩子生活在家庭團體、團體家庭或各種不同的住宿式環境。無論是哪一種類型環境，團體都提供許多學習重要人際和社會技巧的機會。就如第 19 章所述，能成功參與團體、與同儕互動是必要的生活技能。與同儕團體互動是正常發展過程的一部分。

正向的團體經驗並非偶然發生②。照顧工作者負責管理例行常規作息和活動，使孩子獲得平凡、正向的經驗，進而獲得技能、歸屬感和正常感。照顧工作者有個重要角色，就是營造情緒和平衡，提供安全、輕鬆和關懷的氛圍。照顧工作者可以藉由界定團體的目的和目標，幫助孩子發展正向的團體規範，協助實現此事。照顧工作者可以

把握日常互動的機會，提升孩子人際溝通和問題解決的技巧[3]。團體透過聚焦於正向的社會團體規範、幫助孩子歸屬於團體、界定團體目標、教導人際技巧，就得以維持目的感和凝聚力。

團體涵容。所有團體發展理論都認同，團體形成的初期階段，新成員不是被納入就是被排除。就如孩子過去與大人形成依附經歷過的困難，他們歸屬於同儕團體的經驗可能也充滿困難和傷害。在第10章曾提及以納入或聲稱來幫助孩子形塑依附的概念。成為「我們其中之一」和團體的一份子是根據共同經驗。孩子一起吃飯、一起上學、一起做家務、一起參加活動、慶祝活動等。這些共同經驗為發展出歸屬感、成為某事物的一部分建立了基礎。

在安置照顧、教室或其他團體環境中，當孩子出現挑戰、痛感引發的行為或人際互動困難時，很常見的做法是將他們排除在團體或活動之外。這些策略通常被稱為「暫停時間」或「冷靜時間」。照顧工作者需要謹慎衡量這種排除的做法，因為它們會讓孩子失去機會發展歸屬感，以及練習在團體運作中所需的人際技巧。如同埃德溫‧馬卡姆（Edwin Markham）在以下這首詩所表達，大人的角色是納入孩子，而不是拒絕他們，即使孩子看起來想獨立於團體之外。照顧工作者若想幫助孩子感受到連結，而非被拋棄或像個局外人，需要想辦法讓他們留在團體中。

他畫了一個圓圈將我排除在外——
異教徒、叛徒、令人輕蔑的東西。
但是愛和我擁有勝利的智慧：
我們畫了一個圓圈將他納入在內。

——埃德溫・馬卡姆

　　照顧工作者愈能善用這些挑戰時刻來教導技巧，而不是排除最需要幫助的孩子，孩子就愈能成為團體的一份子，並且與他人好好相處。

　　團體目的和目標。如果團體有明確的目的或目標，而且是與孩子一同合作發展出來，不是直接告訴孩子，團體通常會更有效果、功能更強④。舉例來說，若團體的目的是幫助每個人管理憤怒，而團體偏離軌道、人們變得好鬥且具攻擊性，照顧工作者可以協助好鬥成員控制他們憤怒的情緒，進而示範團體的目的。

　　團體是由具有不同需求、能力和目標的個體所組成。如果孩子擔心這個團體或家庭無法滿足其個人需求，可能會刻意干擾團體活動。如果組成團體的人能持續評估團體成員的需求，以及團體活動是否滿足他們的需求，團體會更加有效。

　　團體組成。當孩子被請求加入體育、活動、社交或生活團體時，重要的是去配對孩子的能力與他們將要加入的

團體。如果要求某團體的孩子和大人將「不適合」的孩子納入活動或團體，這是不公平的。錯誤的配對可能無意間使孩子被團體排斥。如果這個團體經驗對孩子來說也只是另一個被拒絕的經歷，將會加劇他們的問題。這些情境對孩子與團體中的其他孩子來說，通常只會帶來更多傷害而非益處。

團體規範。所謂團體規範，即是團體成員被預期如何行為和互動的價值觀和信念。家庭或生活群體的規範與學校群體有所不同。這些規範可能是正式或非正式、可以公開討論或不言而喻。

照顧工作者可以透過協助團體將規範公開化，並且做出有意識的決定來接受或拒絕這些規範，進而幫助團體發展正面、社會可接受的規範。透過團體討論而建立規範，通常是發展、認可、同意規範最有效的方法。如果規範有助於團體實現目標，就最有可能被接受。合作發展這些規範的過程中，所有成員一同努力實現共同目標，因此促進了歸屬感⑤。團體規範應該支持生理和情緒安全、成長和改變、相互支持和幫助他人、開放溝通、個體性、文化多元、社會身分認同、隱私。對於自己曾協助設定，而且看到其他成員都遵守的團體規範，孩子更可能會接受。當團體成員違反團體規範時，應該立即給予支持的挑戰，幫助他們重新回到正軌。

團體規範對團體的行為有強大的影響力。如果有人違反團體規範（無論是口頭或非口頭默許），團體可能會以敵意回應。例如團體規範若允許孩子在心煩時和大人私下對談，當有人干擾了談話時，團體中的其他人可能會對干擾者感到不滿。

隨著孩子進入學校和青春期階段，同儕關係和同儕團體的影響會在發展利社會技巧上發揮作用。如果同儕團體的規範是遵守規則、使用利社會技巧，孩子通常會透過展現一樣的行為來融入其中。如果孩子難以遵守規範，同儕可以給予支持，並且幫助他們發展這些技巧。

團體經營。照顧工作者應該和團體一起工作，在過程中以個別和集體的方式，幫助孩子實現發展個人目標、學習人際技巧。照顧工作者並不是要控制團體。民主的領導風格與有效的團體經營之間有關聯[6]。尊重和期待孩子負責任的行事、鼓勵和教導孩子解決自己的問題、主動讓孩子參與討論和決定，都是民主領導風格的一部分[7]。

在大人的協助下，孩子有能力互相幫忙[8]。照顧工作者可以支持團體中的孩子互相幫助。例如照顧工作者可以組織活動，讓每個人都有機會擔任能凸顯自己優勢和興趣的領導者角色。照顧工作者愈幫助孩子認識、欣賞彼此的優勢和需求，這團體就愈可能凝聚在一起。以這種方式幫助孩子還能避免替罪羊現象、負面領導、幫派心態的蔓延。

隨著孩子一起努力，幫助彼此實現共同目標，他們就形成相互關心的社群，並且致力於追求彼此的福祉。

團體問題解決。當出現影響孩子和大人一起生活、工作、學習、遊玩的問題時，團體問題解決可能是最佳的介入策略。允許孩子和照顧工作者有機會一同工作，表達他們的感受和需求、傾聽彼此，隨後共同找出每個人都能接受的解決之道，這是一種強化團體認同的方法，同時增強孩子溝通和解決問題的能力，並且重申大家聚在一起時的行為規範。照顧工作者可以下列方式鼓勵、管理這過程：

- 幫助孩子建立解決問題的團體規範，並且在狀況脫軌時提醒他們這些規範。
- 確保每個孩子表達他們的感受和需求，並且傾聽和理解彼此的觀點。
- 協助孩子討論解決問題的替代方法。
- 引導孩子討論出大家能接受和遵守的解決方法。
- 觀察這個解決方法是否有效，以及慶祝其成效，或是鼓勵團體一起回過頭來尋求更合適的方法。

孩子愈能參與決定他們要做什麼、要如何相處、要如何與彼此及大人分享權力，他們就愈有發言權，並且自覺對生活有控制感。照顧工作者需要有信心及促成這些過程

的能力，並且願意放出自己的「權力」與孩子共享。倘若照顧工作者這樣做了，他們將變得更有影響力。當照顧工作者幫助孩子為自己的生活負責時，孩子就能學會生活技能、減少權力競奪，並且享受更好的生活品質。

創造練習和學習的安全場域

孩子和其生理、情緒、社會環境（包括文化與政治環境）之間的互動，強烈影響著他們的成長。無論孩子生活在哪一種類型的環境，最重要的因素是整體氛圍，包含人、情感、態度、物理條件。若一個環境能提供安全感、尊重、歸屬、關懷和責任感（accountability），就可被視為療癒的環境。從生態觀點出發，環境系統的所有部分都具有潛力，可以透過組織各層級營造出安全和滋養經驗，最大化孩子獲得能力與發展新技能的機會。（見下一頁的表 17「組織層級：生態導向」）

孩子與大人在組織各層級的互動和關係，以及日常活動，都強烈影響孩子的發展、安全感、自我價值和自我效能感。即使是簡單的日常活動（例如起床和用餐），都對安置照顧孩子的生活品質有顯著影響。照顧工作者與督導的互動，督導與高層管理者、外部合作夥伴和領導者間的互動，都是組織文化和氣氛的一環，這些對安置照顧兒少所需的成長和發展，要麼提供支持，要麼帶來阻礙。

表17 | 組織層級：生態導向

層級	CARE 原則的實踐
外部組織	有社會責任感、實務準則、品質保證，確保孩子的最佳利益。
領導管理群	以文化、氣氛和核心哲學營造支持型組織，讓工作人員即使面對困難也能持續投入，並且抓住成長的機會。
督導	督導為照顧工作者設定合理的期待，促成社群感，並且為工作者創造個人成長和發展的機會。
照顧工作 教導 團隊工作	照顧工作者理解日常互動和活動的重要性，並且有意識利用這些時刻，幫助孩子發展人際技能和自主能力。
孩子和家庭	孩子和家庭主動涉入服務計畫，為他們個人、家庭和團體經歷做出貢獻。

25 建立必要的連結

我們只能盼望留給孩子兩樣永恆的遺產。一個是根，另一個是翅膀。

——歌德

　　學習如何與環境互動，以及如何克服過去的創傷事件，走向有意義的生活，這些因素決定了安置照顧兒少的生命品質。倘若照顧工作者支持和關懷孩子，並且幫助他們與家庭、社區和文化保持緊密聯繫，就會拓展孩子的成長經驗。精神科醫師諾里斯·漢塞爾（Norris Hansell）曾指出個人與環境依附的必要方式，這些依附的連結能幫助個人保持穩定，進而採取實際行動來減低壓力①。這些依附讓人們穩定，並且能採取實際行動來應對困難情境（見下一頁的表 18「必要連結」）②。

　　這些連結相互依存，彼此關聯。如果其中任一連結在

任何期間斷裂，就會削弱其他連結。幫助孩子建立起穩固的連結，同時教導維繫這些連結所需的生活技能，有助於他們過上有意義和滿足的生活。

表 18 | 必要連結

資訊／知識	生活在世上需要知道的事情。
身分認同	透過了解我們從哪裡來，知道自己是誰。
重要他人	生命中重要的人。
團體	與我們連結且有歸屬感的人。
有意義的角色	賦予我們生命意義的人事物。
支持工具	支撐自己與家庭的方法。
喜悅來源	讓我們開心的事物。
價值觀與意義感系統	我們的信念驅動著我們的決策。
地方	我們感覺像家的地方或空間。

資訊知識

人需要知道哪些事才能在世上生活？答案可以從基礎

（例如哪裡有食物、水或住所）到複雜（例如弄清楚在這世界成功的條件）。我們知道如何有效溝通嗎？我們能搞懂居住地的交通運輸系統嗎？我們知道如何應徵工作嗎？我們知道若需要房租救助，該去哪裡求援嗎？我們知道哪裡有醫療服務嗎？我們知道自己親戚住在哪裡嗎？當人們與資訊隔絕時，通常會變得漠不關心。孩子若沒有接受資訊的管道，可能會對於家庭和未來有不切實際的幻想，還可能缺乏動力去學習生活技能或完成學業，因為他們不能理解個人的需求，或是不知道這些事和自己生活有何相關。孩子通常也對自己的成長歷史、家庭、社區和文化缺乏足夠的資訊。這往往會帶來絕望感、冷漠、羞愧和孤立。當人們有獲取必要資訊的管道時，就會培養出健康的好奇心態，並且尋求新知識。

身分認同與意義

先前已多次討論身分認同、自我效能感和意義的重要性。形塑身分認同感是一項核心的發展任務。兒童和青少年正處於發展自我身分認同的過程。擁有意義感與在青少年時期建立身分認同和福祉密切相關[3]。兒童和青少年的自我理解，很多都與他們的成長史和生命經驗有關[4]。家庭、文化、社會身分認同和經驗，這些共同形塑了孩子的身分認同。若孩子在發展出穩固的自我意識前，就與家庭

和文化分離，可能導致對自己和人生方向感到模糊或缺乏信念。若孩子承受邊緣化的生命經歷，要發展正向的身分認同和意義感可能會更困難[5]。關鍵是為孩子提供支持的環境，讓他們可以了解過去的生活事件，並且探索族裔、種族、文化、社會和／或性別認同議題。

重要他人

每個人都需要在意他們的人，也需要他們在意的人。這是最基本必須的依附，對發展出親密、信任和自我價值的能力至關重要[6]。就如本書一再討論的，關懷關係和重要他人是健康與福祉的關鍵。缺乏重要他人，孩子可能會感受不到被愛（unloved）也不可愛（unlovable），導致自我概念低落。他們不太相信別人，並且可能不願意學習新的行為。幫助孩子依附或重新依附於健康的大人，可以為孩子提供成功生活所需的穩定和支持。對孩子和大人來說，擁有一個或多個能享受彼此陪伴、期待共度時光的朋友，這一點相當重要。

團體

團體的連結提供了食物、住所和娛樂，並且有助於度過壓力和心煩的時期。對多數孩子來說，與團體的連結始於家庭。隨著孩子的成長，他們開始根據興趣、歸屬需求

來依附於其他團體，進而發展身分認同⑦。如果缺乏與團體的連結，孩子可能會感到愈來愈孤立，無法進行社會互動。同時，缺乏「歸屬感」也會讓他們難以發展自己的身分認同。

在安置照顧中，孩子可能會依附和認同自己一起生活的團體。在學校，他們可能會與運動團隊、俱樂部或班級產生聯繫。在社區，他們開始連結教會團體、童軍、社區運動團隊或社交團體。幫助孩子在社區中找到正向的團體，可以為他們提供支持和分享興趣的機會。

有意義的角色

擁有一個有意義的身分並過著有目標的生活，與自我價值和自尊感密切相關⑧。每個人都需要能達成任務、為社會付出貢獻，以及對他人有價值。這直接關係到孩子能否感覺到自己的能力和價值。一些孩子，特別是神經邊緣化（neurologically marginalized）的孩子，可能難以找到這樣的連結。

缺乏一個有意義的身分，孩子可能會覺得自己沒有能力與無法貢獻。不足和低自我價值的感受會降低實現目標的動機，以及樂觀看待未來的態度。社區服務計畫、幫助團體中的其他人、為有需要的人奉獻自己的東西，這些方式都能幫助孩子自覺有能力和有價值。

支持工具

　　此處的支持是指為了維持生存而賺取金錢，或是取得所需的物品和服務。這通常意味著一份工作或賺錢的方式，成為經濟體系的一部分，並且獲得一定的生活水準。與經濟體系脫節通常會導致貧窮。貧窮不只是資金上的不足，還包含取得健康和教育服務的落差。如果孩子來自一個與經濟體系脫節的家庭，他們可能缺乏將自己與支持工具（means of support）連結起來的能力[9]。教導在經濟體系中競爭所需的技能，讓孩子未來能自食其力，這是協助他們茁壯成長的重要部分。

價值觀與意義感系統

　　這系統包含指引個人做出決定的信念和價值觀，協助界定什麼是適當和道德的。這涉及人類自我超越（self-transcendence）的精神發展，亦即知道有比自己更偉大的事物存在，進而推動連結感、意義感、目的感和貢獻感[10]。這系統可以被視為宗教、生活方式、道德倫理、靈性或常識，是生命旅途上的地圖。靈性的定錨（spiritual anchors）指引著目的感、意義感及未來的方向感[11]。在脫離價值體系時，所有選擇都是平等的，若混淆了什麼是對的、什麼是禁止的，可能使個人喪失做出選擇判斷的能力。倘若所有選擇全都平等，孩子可能從事社會上無法接受的行為，畢

竟這是更簡單、迅速滿足需求的方式。必須有時間反思、
沉思及深思，才能提供品格教育和允許道德推理的對話。
支持精神發展活動有助於孩子發展價值觀系統。避免強制
策略、創造非暴力與平和的環境，也能達到這目的。

喜悅來源

　　每個人都需要在生活中找到快樂和喜悅。這與食物、
住所、衣物一樣重要且基本。孩子若缺少喜悅來源，可能
變得沮喪、孤立、失去對世界的歸屬感和連結感，甚至導
致藥物濫用和其他高風險行為。喜悅可來自價值觀系統、
與重要他人或團體的連結、生活中的簡單樂趣。放鬆、開
心、笑、玩樂的需求，都可透過各種喜悅來源獲得滿足。
當照顧工作者讓孩子廣泛參與各種活動，並且強調在共同
經驗中得到的樂趣時，孩子就能找到自己喜悅的來源。

地方

　　每個人都需要一個家，一個在世上具有特殊和個人意
義的地方。「你從哪裡來？」這通常是開始社會互動的問
題。與朋友、家庭、鄰居的生活經驗常和特定地方有關。
對庇護和安全的需求、個人空間和隱私，都與特定的空間
相關⑫。若缺乏這樣的關聯，孩子可能感覺不安全和失根。
幫助孩子找出在生活環境與社區中能感覺安全和保護的地

方，有助於減輕壓力。與「我從哪裡來」（家庭、社區、國家和文化）的斷裂會影響身分認同。幫孩子與家庭住所、之前生活過的地方、社區重新連結，可能有助於他們界定自己是誰、從哪裡來，並且知道這意味著什麼。

創造正向連結

孩子進到安置照顧體系，許多基本的必須連結隨之斷裂，抑或是帶著許多有害的連結。當他們進到安置照顧時（親屬、寄養、團體或機構），許多生命中的連結也隨之失去。有時，規則、法律體系、機構位置、安置情境會讓孩子與他們的連結分離。

每當一個連結斷裂時，孩子會出現相應的感受和行為，暗示孩子正在經歷的失落。為了幫助孩子，大人可能會試圖將孩子與有害或負面的連結分開（例如幫派〔團體〕、藥物〔快樂〕、偷竊〔支持工具〕）。由於失去了這麼多連結，孩子會為了保住自己擁有的連結而拚搏。照顧工作者透過仔細觀察並與孩子對談，可以協助他們回收或重建連結，並且建立新的正向連結。

這項工作需要孩子和家庭精心計劃、參與和決策，以及與孩子所處世界中的其他人和系統協調。組織和照顧工作者有責任和義務，努力建立和重建基本的必須連結，好讓孩子在返回家庭或社區時，擁有更好的生活願景。

啟動
正向循環

26 協同一致拼搏，
追求孩子最佳利益

做為一個國家，我們需要再教育什麼是讓人類具有人性的必要和充分條件。我們需要重新再教育，不僅是做為父母，而是做為工作者、鄰居和朋友；做為組織、委員會、董事會成員，特別是做為控制我們社會制度的非正式網絡成員，因為這將決定家庭及其子女的生命處境。

——布朗芬布倫納

　　扶養安置照顧兒少長大是項複雜的艱難工作；沒人能在孤立中真正有效的工作。只有在集體的努力和合作下，孩子的最佳利益才得以實踐。當一個體系承擔起扶養孩子的責任，這就是地方政府、民選官員、照顧組織、員工和照顧工作者、社區夥伴的共同責任，確保孩子無論在安置照顧時或離開安置照顧後，都能得到支持而茁壯成長[1]。整

個系統的任務是為了最佳利益行動，促進受安置照顧孩子的身心健康和福祉。

系統

可以這麼說，我們多數的服務對象在轉介之前，都是糟糕團隊工作下的受害者，父母之間糟糕的團隊工作、父母與學校系統之間糟糕的團隊工作、父母與社會服務及精神健康機構之間糟糕的團隊工作[2]。

——艾文（Alwon）

兒童福利和家外照顧系統是個充滿挑戰的環境，往往是危機導向（crisis-driven）[3]。就如前面章節所述，歷史上被邊緣化、受壓迫社區的孩子和家庭，在兒童福利、精神健康和少年司法體系中占比過高，種族主義、歷史創傷、權力動態和系統性不平等造成的影響相當顯著。這些孩子和家庭往往來自於貧窮、弱勢、創傷的背景。脆弱的家庭深陷於健康和福利的挑戰，以及居住和財務困境之中，在孩子的照顧上掙扎（struggle）。

布朗芬布倫納[4]的兒童發展生態模型，描述孩子與家庭和朋友的關係，如何發生於社區和社會脈絡下。孩子周遭的一切都會影響其發展。當家庭難以為孩子提供所需時；當學校陷入危機、兒童照顧組織經費困頓時；當社區資源

匱乏、福利系統不堪負荷時；當整體社會動盪不安時，孩子的發展都會受影響。當資源緊繃時，照顧工作者、家庭和兒童，能否從了解創傷影響和療癒照顧者組成的系統得到支持，就顯得更加重要。療癒照顧不僅適用於照顧工作者和孩子的日常互動。療癒和創傷知情的取向必須要貫徹整個系統，從家外照顧體系全程負擔照顧責任的機構，乃至於孩子居住的環境。公立學校、精神健康中心、兒童福利機構、住宿型治療中心，以及其他服務和支持孩子、家庭、社區的組織，都有責任將研究和最佳實務應用在政策和計畫中⑤。此外，文化謙卑和對權力不平衡的覺知，可以提升社區服務提供者的能力，讓他們做出文化回應和支持。

　　有句非洲俗諺說，「一個不被村莊環抱的孩子，會焚毀村莊以感受其溫暖。」幫助安置照顧兒少茁壯成長不是個人的努力，而是團隊、組織和社區的努力，其中不僅包括照顧工作者和其他專業工作者，也包含家庭和孩子自己。在提供療癒照顧時，每個人都能發揮作用，同理回應接受服務的孩子和家庭（例如不指責或批評）。因為這是相互關聯的系統，系統和組織成員彼此的互動和行為方式，都反映在照顧工作者與孩子及其家庭的互動和行為上。如前所述，兒童照顧組織的核心挑戰之一，就是在組織各層級之間達成協同一致，進而尋求孩子的最佳利益⑥。

組織與團隊

組織要能支持和幫助孩子和家庭，需要有充足的資源、受過訓練的員工和勝任的專業人員、維持正向的組織文化、以創傷知情與實證為基礎的原則運作。重要的是團隊每個成員都知道自己的角色、共同建立目標，尤其是彼此之間能有效溝通。

在組織和團隊層級持續的決策和計劃過程中，追求協同一致性的掙扎尤為明顯，其中總是存在著相互競爭的利益，包括資源、孩子的需求、家庭的需求、員工的需求、法規，以及主責安置單位的要求。挑戰在於平衡這些不同的要求，並且將孩子的需要置於其他利益之上。想要做出符合孩子最佳利益的決定，我們需要不斷努力和勤奮，保持過程的正面和開放，並且聚焦於服務孩子和家庭的使命和原則。

在健康的團體、團隊和系統中，每個人都在開放溝通、合作解決問題、相互支持和尊重，以及對個人和團體行動負責的氣氛中合作。當這些基本實踐與 CARE 變革理論的清晰理解、根據實證原則工作的承諾結合時，一個運作良好的團隊／組織，會公開致力於為孩子的最佳利益努力，在個人、組織、政府相互競爭的需求中，做出困難卻平衡的決定。

集體效能感

孩子的自我效能感會影響他們克服挑戰、學習新技巧的意願和信心。同理，團體感知到的集體效能感也影響他們的表現。集體效能感是團體對能否一起實現共同目標的信念。感知到的集體效能感愈高，團體的動機愈高、面對挫折時的毅力愈強、取得的成就愈大[7]。集體效能感會直接影響團隊對彼此能力的信心，以及他們對於能否在孩子生活中產生影響的信念。集體效能感和自我效能感擁有相同的動力[8]。

經驗和精熟。要形塑一個團隊或團體對共同實現目標的信念，他們必須擁有成功表現的經驗。當他們精熟任務並克服困難情境時，對於可以共同實現目標的感知就會隨之提高。

模範或參考經驗。看到其他組織或團體（例如自己或同行）以相同的模式或介入措施取得成功時，會增強他們對共同工作和達成相同目標的信念。這種參考經驗能鼓勵他們去克服挑戰，或是改變自己的運作方式。對於 CARE 組織來說，花時間觀察其他運作良好的 CARE 組織，就是一個參考經驗的例子。

口語和社會性說服。在團隊會議或社區中的討論、同事或督導的口頭鼓勵、工作坊、新進照顧工作者和員工的入職培訓，這些方式都能強化團隊信念，讓他們相信自己

可以取得正向成果。

生理和情緒因素。就像個人對壓力有反應一樣，組織也是如此。當組織擁有堅強的組織文化，相信團體能克服危機和困難情境時，他們就能在逆境中持續運作。

集體效能感的動力

- 經驗和精熟
- 模範或參考經驗
- 口語和社會性說服
- 生理和情緒因素

團隊、組織和社區的成功取決於集體合作和協同工作的能力。一個系統能否獲得孩子和家庭的正向成果，亦取決於其成員的知識和技巧，以及鼓勵人們一起朝共同目標努力的能力。對於如何協同工作的信念，深刻影響了提供給孩子的照顧品質。

集體發展經驗

一天之中，安置照顧的孩子進行著許多種與大人、同儕的互動，通常是與不同的照顧工作者、老師、前輩、社工、個案工作者等。對所有大人來說，提供孩子正向的人際交往和發展經驗非常重要⑨。每一次與信任的大人互動，

都有助於塑造孩子的看法，了解大人如何回應自己。大人是否願意看見並接受孩子的狀態、努力與孩子保持共感、相信他們的潛能和成長？

在日常生活中，大人可以透過穩定一致與孩子正向互動，進而塑造孩子對他們的看法。倘若一個發展的環境有結構化的活動和正向的大人與孩子互動，可以為孩子創造並提供這些發展經驗，那麼這環境將會對孩子的發展有漸進和累積的正向影響。正是透過這些正向的發展經驗，孩子才能實現更加正常的發展軌跡。

組織的協同一致性和集體效能感

團隊和組織能否提供孩子得以茁壯成長的環境，取決於孩子所處環境的品質。無論面對哪位工作人員、參與何種活動，孩子需要有穩定和協同一致的經驗。

照顧工作者能否適切和療癒的回應孩子痛感引發的行為，其技巧和動機取決於訓練、督導，以及他們的集體效能感。團隊能否使孩子的經驗正常化、促進社會合宜行為，進而為他們準備健康的未來，取決於組織管理群是否有能力提供支持環境。激勵組織各層級的使命、提供所需的資源、共享權力和決策，這些都是領導者需要的工具，用以發展和維持滿足孩子、家庭、照顧工作者、員工和團隊需求的服務。

組織專注於自身使命和指引原則的能力，取決於其運作的整體系統。以本書提過的指引原則（發展焦點、家庭參與、關係為本、能力中心、創傷知情、生態導向）做為討論、決策、資源分配的前提，組織和照顧工作者可以為所照顧的孩子提供高品質、最佳實務的照顧和處遇。

27 三個關鍵程序

如果一個組織竭盡全力為個人創造條件，克服改變的內在障礙，審視並跨越自己的盲點，將錯誤和弱點視為個人成長的重要機遇，結果會怎樣呢？。

—— 羅伯特·凱根（Robert Kegan）

　　本書第二版於 2009 年出版時曾經提及一個概念，提供孩子有效的家外照顧存在著「我們所知與我們所做」之間的差距。

　　雖然知識和實務依然存有差距，但是人們持續強調發展、評估、執行服務方案，以便有效幫助需要家庭導向照顧和／或團體與機構式照顧的孩子及家庭。

　　想要縮小知識和實務的差距，需要組織和系統共同合作，將這些服務方案付諸實行，同時也理解到要執行與維持以實證為基礎的方案，從而達到良好服務成果背後所涉

及的複雜性。

三個關鍵的組織程序

　　當康乃爾顧問協助組織執行 CARE 模式時，他們運用以研究為本（research-informed）的策略，例如組織和個人的自我評估、資訊分析、訓練和技術協助。執行方面則包含在組織各層級進行訓練，並且提供如何在日常實作應用 CARE 原則的指引。

　　就如 CARE 變革理論所述，組織技術協助能幫助機構領導者和督導建立對 CARE 原則的承諾，並且發展和溝通願景，進而在組織整體中建立與 CARE 原則的協同一致性，包括了促進、強化和維繫該願景。透過自我反思的過程，機構建立改善協作的結構和流程、界定整合和延續 CARE 原則的障礙、規劃解決障礙的策略，並且促進了鼓勵應用資訊數據的實作①。

　　協助促進執行和延續 CARE 模式的三個關鍵組織程序如下：反思督導和實務、資訊為基準的決策、參與式管理策略。

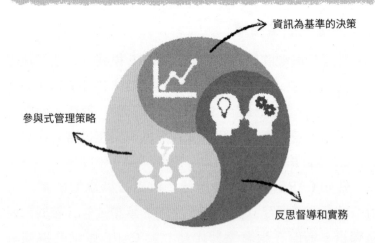

圖 7 | 三個關鍵組織程序

資訊為基準的決策

參與式管理策略

反思督導和實務

反思實務

　　反思實務透過從經驗中學習，幫助人們和組織成長和發展。這對於發展和維持具情緒能力的工作團隊至關重要。從經驗中學習是透過反思經驗獲得洞見，然後依據所學做出行動。學習該做什麼、不該做什麼，都需要以專業發展為重。當工作人員學習和發展時，士氣就會愈高。反思實務支撐著實務社群，並且將課堂學習帶入工作場域。要培養能全面執行 CARE 原則的照顧工作者和督導，反思實務是不可或缺的根本。

　　為了實現反思實務帶來的可能性，組織需要創造出安

全的空間，讓實務工作者可以理解自己每天遇到的不確定性和焦慮。除此之外，無論是個人或是在團隊裡，工作人員需要時間和空間來計劃、反思和解決問題。透過反思經驗改善行動和專業作為的過程，涉及了研究人們在任何特定情境下，如何與為何思考並行動。這個過程能幫助人們更清楚意識到自己的作為和後果，並且提高他們預測和主動回應挑戰情境的能力。反思實務強制每個人探問他們知道什麼、如何知道，以及這如何讓每個人對別人的經歷和世界觀更具敏感度。

資訊為基準的決策

以資訊收集和應用的方式來執行和延續 CARE 模式，讓組織各層級都能根據資訊做出決策。讓組織中的所有人參與資訊收集和檢閱的過程，有助於促進自我反思、界定重要相關的評量、意識到所需的改變，同時也強化對服務品質改進的認同②。收集和使用資訊提供另一種形式的回饋。正如回饋是孩子和大人改善表現的重要依據，資訊也給予個人和機構表現上的回饋③。如果缺少某種方法來評量進展，就很難改進表現和成果。

相關資訊的收集和分析，有助於實務工作者做出明智的決定，最佳利用現有的介入處遇，並且對介入處遇進行可能的改善與分享，為決策提供更好的資訊④。資訊可以

有各種來源，包括例行的文件程序（重大事件報告、精神藥物使用、員工流動等），或是為 CARE 模式執行和品質精進而設計的工作人員、孩子和家庭調查。CARE 的品質精進（CARE Quality Improvement）和忠實度評估工具（Fidelity Assessment Tool），特意給予組織機會去檢視、了解其 CARE 的執行狀況，並且讓工作人員也參與以資訊為基準的決策過程，進而推動服務品質精進的工作。

參與式管理策略

針對組織各層級的利害關係人，參與式管理或參與式決策鼓勵他們參與問題分析、策略發展和解決方案的執行。任何會受決策影響的關係人都被邀請至決策過程中。這包括經常受決策影響的孩子和家庭。為了讓參與式管理的策略奏效，關鍵是領導者帶著關切和尊重的心態，聆聽工作人員的想法和意見。若組織可以分享資訊、建立決策技巧和程序、重視每個參與過程的人，這些策略就能成功實行。

倘若人們不參與並「自有」（own）問題的解決方案，抑或是不同意決策，CARE 模式的執行充其量只會是虛應故事，或許還會被誤解，更有可能失敗。採用參與式風格的領導者會發現，比起沒有發聲的情況，人們更容易接受改變。當每個人都參與並為決策做出貢獻時，就能更有效

的執行變革。分享知識和權力讓每個人都能發展專業能力，不僅可以協助執行 CARE 模式，同時也有助於模式的延續⑤。透過營造出心理安全的環境，讓人們能找出並解決問題、共同計劃、合作決策、解決自身矛盾，如此機構就會成為學習型和支持型的組織⑥。

28 CARE 的實證基礎

所有結果都準確反映出：組織設計是有意為之或是無意
之舉。

——史賓賽·達林（R. Spencer Darling）

　　以實證為基礎的服務方案是有組織性、多重面向的介
入，旨在服務面臨複雜問題的孩子和家庭。這些服務方案
是由一系列統整性活動和服務組成，並且經研究表明其有
效性[1]。它們是「基於一個清晰闡述的變革理論，界定出
變革的主要因素，以及具體化所需的組織支援。[2]」正式
的評估和測試已經指出，以實證為基礎的服務方案對改善
服務對象的成果有其成效。當然，這些服務方案的成效，
一定程度上取決於實務工作者和組織本身[3]。實務工作者
是否忠實應用其概念和原則？方案是否與服務對象的價值
觀一致？組織是否已成功執行該模式？是否有持續一致的

訓練、督導和回饋？想成功執行和延續一個以實證為基礎的服務模式，不僅僅是訓練照顧工作者學習一個模式或架構。這需要方案的計劃者、其他機構，以及包括孩子與家庭在內的利害關係人共同合作，建立支持服務模式延續的基礎，包括培訓、督導、政策、程序、品質管理等活動，並且營造出能反映和促成該模式的組織文化和氣氛④。

執行 CARE 模式

CARE 方案模式是透過以研究為本的策略執行，例如組織和個人的自我評估、資訊分析、訓練、技術支援。這個為期四年的系統性工作，涉及將機構服務重新導向至 CARE 模式以實證為依據的六個原則：關係為本、發展焦點、創傷知情、家庭參與、能力中心、生態導向。執行策略針對組織各個層面的訓練，並且提供在日常工作中應用 CARE 原則的指引。透過康乃爾大學顧問（經過受訓的執行者）提供的技術協助，盡責的組織領導者和督導發展和溝通願景，確立原則一致的組織整體運作，並且促進、強化、延續這願景。康乃爾顧問與組織的領導者及執行團隊合作，透過共同發展執行計畫來實施 CARE 模式。對多數組織而言，這種實務的重新導向需要改變理論觀點、組織規範和角色期望。

針對 CARE 服務模式執行的研究指出，在大多數情

況下，工作人員要適應團體照顧環境中的複雜性，並且能「當下」解釋一系列的原則和理論觀點，需要在心態上有所轉變⑤。康乃爾顧問的首要任務是，協助組織培養內部執行和延續 CARE 模式的能力⑥。就如前文所述，想要充分執行和延續服務模式，其關鍵程序是反思實務、資訊為基準的決策，以及參與式管理策略。

CARE 的實證

自 1980 年以來，住宿式兒童照顧計畫（Residential Child Care Project）發展、評估和推廣兩個主要計畫：療癒危機介入系統（Therapeutic Crisis Intervention System）⑦和 CARE。這兩個計畫尋求將最新研究結果轉為實踐，為孩子、家庭和工作人員帶來更正面的成果。做為康乃爾大學布朗芬布倫納研究轉譯中心（Bronfenbrenner Center for Translation Research）的一部分，住宿式兒童照顧計畫相信，強調以實證為基礎的實務和轉化研究（translational research），可能對療癒服務產生重大且正面的影響，為面臨重大挑戰的孩子和家庭的最佳利益服務。

住宿式兒童照顧計畫轉化研究的主要成分，就是主動將實務工作者的觀點融入住宿式兒童照顧計畫的研究，以及方案的發展和評估⑧。舉例來說，在某個機構執行 CARE 模式時，護理師注意到精神藥物的使用有所減少，因此促

成與康乃爾大學多年的合作研究[9]。

CARE 變革理論（見第 42 ～ 43 頁的圖 2）不僅指出實現正向成果的途徑，也指導了評估工作[10]。從 2005 年起，住宿式兒童照顧計畫一直致力於應用現有的研究和證據，以此發展與執行 CARE 模式，還採用嚴謹的評估和研究策略去評估服務模式的成效。在杜克基金會（The Duke Foundation）的資金挹注下，北卡羅萊納州的 13 間機構參與為期 5 年的準實驗評估，其中包括檢視 CARE 對工作人員的知識和信念、大人與孩子互動和關係、孩子行為的影響。此外，一項「單一機構間斷時間序列」研究（"single agency interrupted time series" study）使用 12 年的數據檢驗執行 CARE 模式對拘束發生率（restraint rates）的影響，並且使用 11 年的數據檢驗精神藥物的使用[11]。以下是研究的結果摘要：

- 當 CARE 模式在 12 間機構實行時，孩子自述與工作人員的關係品質有所提升。這種提升在有過兩個以上安置經驗的孩子身上更為顯著，但在年齡、性別、種族、安置居住時間、兒童福利轉介、問題行為的程度、組織文化和氣氛方面，則沒有發現顯著差異[12]。
- 11 間機構中，隨著 CARE 模式的實行，孩子對工作

人員的攻擊頻率、財產破壞、逃跑行為，每個月減少 4 ～ 8%[13]。

- 當 CARE 模式在 13 間機構中實行時，每個機構的工作人員對 CARE 概念的知識和信念皆有所提升。平均而言，直接照顧人員增加與 CARE 一致的實務，但在參與研究的 13 間機構中，這結果並不是特別一致。在控制工作人員的特質（例如教育程度、工作角色、在機構工作的時間）、機構的文化和氣氛、研究設計等因素後，發現這種提升持續存在[14]。
- 在一間住宿式機構和緊急安置方案實行 CARE 模式 6 年後，可以看到 2 間機構皆減少超過 50% 以上的身體拘束[15]。
- 在一間機構執行 CARE 模式後的 8 年裡，精神藥物的使用率有所減少[16]。

這些嚴謹研究得到的結果有堅強基礎。在單一機構的研究中，住宿式兒童照顧計畫擁有多年的資訊數據。杜克基金會支持的研究中，住宿式兒童照顧計畫也在 13 個不同的機構執行 CARE 模式，並發現了相似的結果。研究者同時也能以統計控制來調整和考量跨機構之間的差異，其中包括接受服務的孩子在人口統計學、過往接受家外安置照顧經驗上的差異。在不同的機構和研究中結果都一致。此

外，在質性和量化資訊上的結果也呈現一致性。

這些研究結果也符合 CARE 變革理論中提及的期待。CARE 服務模式的執行，提升了工作人員知識、信念和關係的實務工作，也有助於改善孩子對於與大人關係品質的觀感。孩子與工作人員的關係品質改善，這與嚴重行為事件減少、肢體約束和精神藥物使用的減少一致相關。

以孩子的最佳利益為目標追求卓越

就如第 1 章所敘述的，要能適切幫助安置照顧的孩子茁壯成長，系統、組織和實務工作者需要一個堅強的基礎。這基礎應該建立在三個概念之上：(1)堅守孩子的最佳利益；(2)主動、開放的參與，尋求組織和系統協同一致的努力；(3)一個運作良好、得以持續、明確以實證為基礎的服務模式[17]。任何以證據為基礎的實務工作或方案模式，想要成功執行和延續都不是容易的事，需要有強大的領導力和多層次的方法取向[18]。

透過以實證為基礎的方案，以及在組織和系統整體中建立延續方案的能力，可消弭「我們所知」與「我們所做」的落差。這需要高效率的同盟、符合組織使命和目標的服務方案，以及組織各層級對變革理論的明確認知[19]。同樣重要的是，要與孩子、家庭、照顧工作者、其他專業工作者、研究者、組織和利害關係人維持夥伴關係，透過制

定策略來改善安置照顧孩子及其家庭的服務成果。

　　幫助接受安置照顧的孩子從來都不是個人的努力，而是整個服務系統的努力，其中不僅包括孩子和家庭、照顧工作者、其他專業工作者、服務孩子的組織和系統，更包含研究者和服務方案設計者等。整個系統的目標應該為孩子最佳利益的服務。若所有參與養育家外安置照顧孩子的人都牢記這個目標，而且工作知識遵循以實證為基礎的優質照顧原則，孩子就能成長、發展和茁壯。

注解

第 1 章

1. Holden, Anglin, Nunno, & Izzo. (2014).
2. Goldstein, Freud, & Solnit. (1979); United Nations. (1989).
3. Anglin. (2002).
4. James. (2017); James, Thompson, & Ringle. (2017).
5. Anglin. (2002); Holden et al. (2014).
6. Maier. (1987, p. xiv).
7. Lee & Barth. (2011, 2014).
8. Whittaker, Holmes, del Valle et al. (2016).
9. Drury-Hudson. (1997).
10. Mayfield. (2011).
11. Nunno, Sellers, & Holden. (2014).
12. Ainsworth. (2016).

第 2 章

1. Izzo, Connell, Gambone, & Bradshaw. (2004).
2. Holden, Anglin, Nunno, & Izzo. (2014).
3. Shonkoff & Fisher. (2013).
4. Anglin. (2002).
5. Kahn. (2005).
6. Barton & Kahn. (2019).
7. Cooper, Bumbarger, & Moore. (2015).

第 3 章

1. Hawkins-Rodgers. (2007); Maier. (1987, 1991).
2. McNeely & Blanchard. (2009).
3. Holden & Sellers. (2019).
4. Ibid.
5. Kahn. (2005).

第 4 章

1. Feeney & Collins. (2015).
2. Benard. (2004); Goleman. (1998); Masten. (2004).
3. Duncan, Miller, Wampold, & Hubble. (2010); Hubble, Duncan & Miller. (1999); Trieshman, Whittaker, & Brendtro. (1969).
4. Izzo, Smith, Sellers, Holden, & Nunno. (2022).
5. Izzo, Smith, Sellers, Holden, & Nunno. (2020).
6. Izzo, Smith, Holden, Norton-Barker, & Nunno. (2016).
7. Izzo et al. (2016); Izzo et al. (2020); Izzo et al. (2022).

8. Farmer et al. (2017).
9. Anglin. (2002); Duppong, Hurley, Lambert, Gross, Thompson, & Farmer. (2017); Leipoldt, Harder, Kayed, Grietens, & Rimehaug. (2019); Li & Julian. (2012).
10. Feeney & Collins. (2015); Perry. (2009).
11. Moore, Moretti, & Holland. (1997).
12. Fahlberg. (1990); Hawkins-Rodgers. (2007); Maier. (1991).
13. Abramovitz & Bloom. (2003); Bloom. (1997); Garbarino. (1999); Lieberman & Knorr. (2007); Perry & Pollard. (1998).
14. National Inquiry into the Separation of Aboriginal and Torres Strait Islander Children from their Families (Australia). & Wilson, Ronald. & Australia. Human Rights and Equal Opportunity Commission. (1997).
15. Zinn, DeCoursey, George, & Courtney. (2006).
16. Ryan & Testa. (2005).
17. Briggs, Greeson, Layne, Fairbank, Knoverek, & Pynoos. (2014).
18. Bloom. (1997, p. 191).
19. Moore & McArthur. (2016); Sellers, Smith, Izzo, McCabe, & Nunno. (2020).
20. Curry. (1991); USGAO. (1994); Huefner, Pick, Smith, Stevens, & Mason. (2014); Whitaker & Pfeiffer. (1994).
21. Barth. (2005); Barth, Greeson, Guo, Green, Hurley, & Sisson. (2007).
22. Holden, Turnbull, Holden, Heresniak, Ruberti, & Saville, (2020).
23. Hust & Kuppinger. (2014).
24. Benard. (2004, p. 4).
25. Bronfenbrenner. (1979); Jaarsma & Welin. (2012); Kapp.(2020).
26. Elkind & Wiener. (1978).
27. Pianta, Hamre, & Allen. (2012); Ryan & Deci. (2000).
28. Vygotsky. (1978).
29. Masten & Coatsworth. (1998).
30. Maluccio. (1991); Reiter & Bryen. (1991).
31. Benard. (2004).
32. Feeney & Collins. (2015); Li & Julian. (2012); Trieschman, Whittaker, & Brendtro. (1969).
33. Bronfenbrenner. (1979); Maluccio. (1991).
34. Benard. (2004).
35. Swick. (2007).
36. Burns. (2006); Stuart. (2013).
37. Bronfenbrenner. (1979).

第 5 章

1. Anglin. (2002, p. 52).
2. Anglin. (2002).
3. Guerrero, Frimpong, Kong, Fenwick, & Aarons. (2020).

4. O'Hara. (2019).
5. Guerra et al. (2020); Schein & Schein. (2017).
6. Anglin. (2002).
7. Aarons & Sawitzky. (2006).
8. Nunno, Sellers, & Holden. (2014).
9. Curry. (1991).
10. Williams, Wolk, Becker-Haimes, & Beidas. (2020).
11. Anglin. (2002, p. 92).
12. Blau, Caldwell, & Lieberman. (2014); Farmer, Murray, Ballentine, Rauktis, & Burns. (2017).
13. Anglin. (2002); Guerrero et al. (2020).
14. Anglin. (2002).
15. Glisson & Hemmelgarn. (1998).
16. Anglin. (2002).

第 6 章

1. Collins & Feeney. (2015); Goleman. (1998); Mayer, Salovey, & Caruso. (2004a); Odukoya, Omonijo, & Oraetue. (2020).
2. Eurich. (2018).
3. Feeney & Collins. (2015).
4. Ford & Blaustein. (2013); Rosanbalm & Murray. (2017).
5. Feeney & Collins. (2015).
6. Bloom. (1997).
7. Holden, Turnbull, Holden, Heresniak, Ruberti, & Saville. (2020).
8. Barton & Kahn. (2019).
9. deGuzman, Carver-Robers, Lekas, & Rienks. (2020).

第 7 章

1. LGBTQIA+ 是女同志（lesbian）、男同志（gay）、雙性戀（bisexual）、跨性別（transgender）、酷兒（queer or questioning）、雙性（intersex）、無性戀（asexual）、以及其他（＋）。
2. Ajmera, Collins, Henderson-Smith, Coggins, & Blau. (2020); Lekas, Pahl, & Lewis. (2020); Ortega & Faller. (2011).
3. Ibid.
4. Wells-Wilbon & McDowell. (2001).
5. Aboriginal and Torres Strait Islander Healing Foundation. (2015); Ajmera et al. (2020); Lekas, Pahl, & Lewis. (2020); Ortega & Faller. (2011).

第 8 章

1. Kegan & Lahey. (2009).

2. Anglin. (2012).
3. Ruch. (2007).
4. Appleby. (2010).
5. Berger & Quiros. (2014).
6. Amulya. (2004).
7. Schon. (1996).
8. deGuzman, Carver-Robers, Lekas, & Rienks. (2020).
9. Ruch. (2007).
10. Goodhue & Seriamlu. (2021); Wenger. (1998).
11. Holden, Turnbull, Holden, Heresniak, Ruberti, & Saville. (2020).
12. Kahn. (2005).

第 9 章

1. Li & Julian. (2012, p. 163).
2. Bronfenbrenner. (1979).
3. Harder, Knorth, & Kalverboer. (2013); Izzo, Aumand, Cash, McCabe, Holden & Bhattacharjee. (2014): Lester, Goodloe, Johnson, & Deutsch. (2018); Moore, Moretti, & Holland (1997); Pérez-García, Águila-Otero, González- García, Santos, & del Valle. (2019).
4. O'Connell, Boat, & Warner. (2009); Zabern & Bouteyre. (2018).
5. Benard. (2004, p. 4).
6. O'Connell et al. (2009).
7. Dillard, Beaujolais, Yoon, Wang, McCarthy, & Pei. (2021); Zabern & Bouteryre. (2018).
8. Dillard et al. (2021); O'Connell et al. (2009).
9. Zabern & Bouteryre. (2018).
10. Siegel. (1999); Werner. (1990).
11. Dillard et al. (2021); Zabern & Bouteryre. (2018).
12. Izzo et al. (2014).
13. Pérez-García et al. (2019).
14. Benard. (2004); Maier. (1994).
15. Benard. (2004); Brendtro, Broken Leg, & Van Bockern. (1998).
16. Bernard. (2004); National Scientific Council on the Developing Child. (2015).
17. Bronfenbrenner. (1979, pg. 60).
18. Bronfenbrenner. (1979); Holden, Turnbull, Holden, Heresniak, Ruberti, & Saville. (2020); Li & Julian. (2012).
19. Feeney & Collins. (2015).
20. Vygotsky. (1978).

第 10 章

1. Maier. (1994, p. 36).

2. Bath & Seita. (2018); Li & Julian. (2012).
3. Maier. (1981).
4. Bronfenbrenner. (1979); Maier. (1991); Swick. (2007).
5. Maslow. (1943).
6. Bath. (2015); Moore & McArthur. (2016).
7. Moore & McArthur. (2016); Holden, Turnbull, Holden, Heresniak, Ruberti, & Saville. (2020); Sellers, Smith, Izzo, McCabe, & Nunno. (2020).
8. Moore, McArthur, Death, Tilbury, & Roche. (2017).
9. Bowlby. (1970).
10. Bath & Seita. (2018); Fahlberg. (1991); Perry. (2009).
11. Fahlberg (1991); Howes. (1999).
12. Bath & Seita. (2018); Brendtro & du Toit. (2005).
13. West & Fredrickson. (2020).
14. Krueger. (1994); Maier. (1992).
15. Fahlberg. (1990, 1991).

第 11 章

1. Fahlberg. (1990); Hawkins-Rodgers. (2007); Perry. (2009); Porges. (2017); Swick. (2007).
2. Brendtro & Ness. (1984); Egan. (2002).
3. Egan. (2002); Hardy & Laszloffy. (2005).
4. Brendtro & Ness. (1984); Egan. (2002); Hubble, Duncan, & Miller. (1999); Duncan, Miller, Wampold, & Hubble. (2010).
5. Collins & Feeney. (2015); Emond, Steckley, & Roesch- Marsh. (2016); Holden, Turnbull, Holden, Heresniak, Ruberti, & Saville. (2020).
6. Maier. (1994); Zegers, Schuengel, Ijzendoorn, & Janssens. (2008).
7. Benard. (2004); Goleman. (1995).
8. Brendtro & Larson. (2006)
9. Howes. (1999); Izzo, Smith, Sellers, Holden, & Nunno. (2020); Maier. (1994); Schofield & Beek. (2005).
10. West & Fredrickson. (2020).
11. Fewster. (1990); Krueger. (2007); Ruch. (2007).
12. Garfat. (2004); Maier. (1991); Stuart. (2013); Trieschman, Whittaker, & Brendtro. (1969).
13. Feeney & Collins. (2015).

第 12 章

1. Cook, Blaustein, Spinazzola, & van der Kolk. (2003); Lieberman, Champagne, Wang, & Rushlo. (2020); Perry. (2002); van der Kolk. (1994).
2. Felitti, Anda, Nordenberg, Wiliamson, Spitz, Edwards, Koss, & Marks. (1998).
3. van der Kolk & Ducey. (1989).

4. Substance Abuse and Mental Health Services Administration. (2014, p.7).
5. Arvidson, Kinniburgh, Howard, Spinazzola, Strothers, Evans, Andrea, Cohen, & Blaustein. (2011); Cook et al. (2003); Schore. (2001).
6. Cook et al. (2003).
7. McLaughlin, Sheridan, & Lambert. (2014); McLean. (2016).
8. Neagu & Sebba. (2019).
9. Hughs. (1997).
10. Hardy & Laszloffy. (2005).
11. Lieberman & Knorr. (2007); McLean. (2017); Perry. (1997); Schore. (2001).
12. Cichetti. (2013); Cook et al. (2003).
13. Cook et al. (2003), Bath & Seita. (2018).
14. Cook et al. (2003).
15. van der Kolk. (2014).
16. Bath & Seita. (2018).
17. Cook et al. (2003); McLaughlin et al. (2014); McLean (2016).
18. McLean. (2016).

第 13 章

1. Anglin. (2002).
2. van der Kolk. (2003).
3. Holden, Turnbull, Holden, Heresniak, Ruberti, & Saville. (2020).
4. Lieberman & Knorr. (2007); Perry & Pollard. (1998).
5. Feeney & Collins. (2015)
6. Ibid.
7. Anglin. (2002).
8. Bath & Seita. (2018); Cozolini. (2016).
9. Moore & McArthur. (2016).
10. Ibid.

第 14 章

1. Holden, Turnbull, Holden, Heresniak, Ruberti, & Saville. (2020); Substance Abuse and Mental Health Services Administration (SAMHSA). (2015).
2. Abramovits & Bloom. (2003).
3. Bath. (2015); Moore & McArthur. (2016); Sellers, Smith, Izzo, McCabe, & Nunno. (2020).
4. Moore & McArthur. (2016); Moore et al. (2017); Sellers et al. (2020).
5. Arvidson et al. (2010).
6. Lieberman & Knorr. (2007); Maier. (1982, 1987).
7. McLean. (2016).
8. Snyder, Shane, Hal, Kevin, & David. (2003).
9. Ginwright. (2018).

第 15 章

1. United Nations Convention on the Rights of the Child. (1989).
2. Healy. (2020); Cocks. (2021).
3. Cocks. (2019).
4. James & Burk. (2020).
5. Zabern & Bouteryre. (2018).
6. Gibson, Tracy, & DeBord. (1984).
7. Agudelo. (2013); Rubin, O'Reilly, Luan, & Localio. (2007).
8. Neagu & Sebba. (2019); Thoburn & Ainsworth. (2014); Whittaker et al. (2016).
9. Owusu-Bempah & Howitt. (2002).
10. Wells-Wilbon & McDowell. (2001).
11. Neagu & Sebba. (2019); Owusu-Bempah & Howitt. (1997).
12. Owusu-Bempah & Howitt. (1997).

第 16 章

1. James & Burk. (2020).
2. Cocks. (2021).
3. James & Burk. (2020).
4. Hust & Kuppinger. (2014).
5. Mohr, Martin, Olson, Pumariega, & Branca. (2009).
6. Small, Bellonci, & Ramsey. (2014); Whittaker, Holmes, del Valle et al. (2016).
7. Briegel & Kranjecevic. (2021).
8. Small, Bellonci, & Ramsey. (2014).

第 17 章

1. Anglin. (2002).
2. Benard. (2004); Brendtro, Brokenleg, & Van Bockern, (1998); Dillard, Beaujolais, Yoon, Wang, McCarthy, & Pei. (2021); Werner. (1990); Zabern & Bouteryre. (2018).
3. Armpatzi, Burger, Stavropoulos, & Tay. (2020); Benard. (2004); Brendtro et al. (1998); Collins & Feeney. (2015); Mak, Ng, & Wong. (2011); National Scientific Council on the Developing Child. (2015).
4. Bronfenbrenner. (1979).
5. Bath & Seita. (2018); Benard. (2004); Brendtro et al. (1998); Cross. (1997); Deci & Ryan. (2012); Dweck. (2017); Lohoar, Butera, & Kennedy. (2014); Masten & Coatsworth. (1998); Ramey, Landesman-Ramey, & Lanzi. (2006).
6. Sumner, Burrow, & Hill. (2018).
7. Feeney & Collins. (2015).
8. 例如 Freud, Erikson, Pavlov, Watson, Skinner, Bandura, Bowlby, Maslow, Dweck, Greenspan, Goleman.

9. 例如 Piaget, Vygotsky, Attkinson, Kohlberg, Gilligan.
10. 例如 Bronfenbrenner, Lewin, 加拿大依紐特和麥蒂斯第一民族 , 澳洲原住民和托雷斯海峽島民、美國原住民。
11. Jaarsma & Welin. (2012); Kapp. (2020).
12. Bronfenbrenner. (1979); Vygotsky. (1978).

第 18 章

1. O'Connell, Boat, & Warner. (2009); Zabern & Bouteyre. (2018).
2. Sumner, Burrow, & Hill. (2018).
3. Feeney & Collins. (2015); Pianta, Hamre, & Allen. (2012); Ramey, Landesman-Ramey, & Lanzi. (2006); Zins, Bloodworth, Weissberg, & Walber. (2004).
4. O'Connell et al. (2009); Zabern & Bouteryre. (2018).

第 19 章

1. Benard. (2004).
2. Maier. (1987, p. 17).
3. Ibid.
4. Bath. (2008); Bath & Seita. (2018); Holden, Turnbull, Holden, Heresniak, Ruberti, & Saville. (2020).
5. Cicchetti & Tucker. (1994); Gardner, Dishion, & Connell. (2008); Gestsdottir & Lerner. (2008).
6. Gerhardt. (2004); van der Kolk. (2005).
7. Tucker. (2016).
8. Bandura. (1997); Feeney & Collins. (2015).
9. Anglin. (2002); Maier. (1981); Ward. (2004); Wolfensberger.(1972).
10. Montessori. (1912).
11. Bettleheim. (1950); Cole. (1996); Erikson. (1963); Freud. (1965); Greenspan. (1999); Montessori. (1912); Piaget. (1951); VanderVen. (1999); Vygotsky. (1978).
12. Bloom. (1997); Garbarino. (1995); Garbarino, Kostelny, & Dubrow. (1992); Perry. (2002).
13. United Nations Convention on the Rights of the Child. (1989).
14. United Nations Committee on the Rights of the Child. (2013).
15. Mohr, Martin, Olson, Pumariega, & Branca. (2009); VanderVen (2005).
16. Mohr et al. (2009); VanderVen. (2005).
17. Emond. (2003); Ward. (2004).
18. Bettleheim. (1950); Emond. (2003); Redl & Wineman. (1957); Vorrath & Brendtro. (1985); Ward. (2004).

第 20 章

1. Lambert. (1992).
2. Benard. (2004); Duncan, Miller, Wampold, & Hubble. (2010); Hubble, Duncan, & Miller. (1999); Maier. (1987); Trieschman, Whittaker, & Brendtro. (1969).
3. Benard. (2004); Duncan, Miller, Wampold, & Hubble. (2010); Garbarino. (1999); Hubble et al. (1999).
4. Duncan et al. (2010); Holmqvist et al. (2007); Hubble et al. (1999).
5. Feeney & Collins. (2015).
6. Bandura. (1994).
7. Duncan, Miller, Wampold, & Hubble. (2010).
8. Bandura. (1994, 1997); Maddux & Kleiman (2021); Pajares & Urdan. (2006).
9. Bandura. (1997); Maddux & Kleiman. (2021).

第 21 章

1. Benard. (2004).
2. Anglin.(2002); Brendtro & Shahbazian. (2004).
3. Gardner, Dishion, & Connel. (2008); Gestsdottir & Lerner. (2008); Gibson. (2005); Greene. (2001); Greene & Ablon. (2006); Hardy & Laszloffy. (2005); Hawkin-Rodgers. (2007); Holden, Turnbull, Holden, Heresniak, Ruberti, & Saville. (2020); Maier. (1991); Shiendling. (1995).
4. Greene. (2001); Greene & Ablon. (2006); Shiendling. (1995).
5. Ibid.
6. Greene. (2001); Greene & Ablon. (2006)
7. Holden et al. (2020); Maier. (1991); Redl & Wineman. (1952).
8. Maier. (1991).
9. Anglin. (2002, p. 68).
10. Greene. (2001); Greene & Ablon. (2006); Holden et al. (2020); Shiendling. (1995).
11. Greene. (2001); Greene & Ablon. (2006); Maier. (1991).
12. Maier. (1991); Redl & Wineman. (1952).
13. Greene. (2001); Greene & Ablon. (2006).
14. Greene. (2001); Greene & Ablon. (2006); Hardy & Laszloffy. (2005).
15. Kohn. (2018).
16. Greene. (2001, p. 89).
17. Lieberman, Sackley, Polan, et al. (2019); Mohr, Martin, Olson, Pumariega, & Branca. (2009); Nowicki & Pestine. (2015); VanderVen. (2009).
18. Lieberman et al. (2019); Mohr et al. (2009).
19. Mohr et al. (2009); VanderVen. (2000).
20. Lieberman et al. (2019).
21. Tomlinson. (2022).
22. Lieberman et al. (2019); Mohr et al. (2009).

23. Phillips. (2013).
24. Weiss & Knowster. (2007).
25. Ibid.
26. Gardner et al. (2008); Gestsdottir & Lerner. (2008).

第 22 章

1. Bronfenbrenner. (1979).
2. Holden, Turnbull, Holden, Heresniak, Ruberti, & Saville. (2020).
3. Ainsworth. (1999).
4. Germain & Gitterman (1996).
5. Anglin. (2002); Maier. (1987); Ward. (2004).
6. Anglin. (2002).
7. Bath & Seita. (2018).
8. Anglin. (2002).
9. Ames & Loebach. (2023).
10. Ibid.
11. Maier. (1987).
12. Gharabaghi. (2019).
13. Redl & Wineman. (1957).
14. Gharabaghi. (2019).
15. Benard. (2004); National Scientific Council on the Developing Child. (2015); Swick. (2007).
16. Izzo, Smith, Sellers, Holden, & Nunno. (2020).
17. Benard. (2004); Brendtro, Brokenleg, & Van Bockern. (1998).
18. Benard. (2004); Maier. (1994).

第 23 章

1. Anglin. (2002).
2. Anglin. (2002, p. 127).
3. Benard. (2004).
4. Mohr, Martin, Olson, Pumariega, & Branca. (2009); VanderVen. (2000).
5. Anglin. (2002).
6. Bettleheim. (1950); Mohr et al. (2009); Redl & Wineman. (1952); Trieschman, Whittaker, & Brendtro. (1969).
7. Maslow. (1969).
8. Alwon, Budlong, Clark, Holden, Holden, Kuhn, & Mooney. (1988).
9. Trieschman et al. (1969).
10. Mayer. (1978).
11. Ibid.
12. Bronfenbrenner. (1986. p. 430).

第 24 章

1. Brendtro & Ness. (1983); Krueger. (1983); Mayer. (1978); Trieschman, Whittaker, & Brendtro. (1969); VanderVen. (2003, 2005); Ward. (2004).
2. Krueger. (1988).
3. Brendtro & Ness. (1983).
4. Ibid.
5. Beck & Malley. (1998).
6. Hubble et al. (1999).
7. Kohn. (2018); Stewart. (2002).
8. Emond. (2003); Vorrath & Brendtro. (1985).

第 25 章

1. Hansell. (1976).
2. Hansell. (1976); Pasztor, Polowy, Wasson, & Wolf. (1987).
3. Burrow & Hill. (2011).
4. Bandura. (1994); Erikson. (1963).
5. Sumner et al. (2018).
6. Bowlby. (1970); Fahlberg. (1991).
7. Bowlby. (1970); Brendtro, Brokenleg, & Van Bockern, (1998); Fahlberg. (1991); Maslow. (1987).
8. Brendtro et al. (1998).
9. Hansell. (1976).
10. Benson, Roehlkeparain, & Rude. (2003).
11. Coles. (1990); Garbarino. (1999).
12. Maier. (1987); Maslow. (1987).

第 26 章

1. Children and Social Work Act UK Legislation. (2017).
2. Alwon. (2000).
3. Ohara. (2019).
4. Bronfenbrenner. (1979).
5. Middleton, Bloom, Strolin-Goltzman, & Caringi. (2019).
6. Anglin. (2002).
7. Bandura. (2000); Donohoo, Hattie, & Eels. (2018); Goddard, Hoy, & Hoy. (2004).
8. Goddard, Hoy, & Hoy. (2004).
9. Izzo et al. (2022).

第 27 章

1. Holden, Anglin, Nunno, & Izzo. (2014).

2. Casey Family Programs. (2005); Smith, Nunno, Martin, & Sellers. (2009); Stuczynski & Kimmich. (2010) as cited in McCabe, Ruberti, & Endres. (2022).
3. Tanana, Vanderloo, & Waid. (2018).
4. Chambers, Glasgow, & Strange. (2013).
5. Ghate. (2016); McCabe, Ruberti, & Endres. (2022).
6. Kaner. (2007).

第 28 章

1. Children's Services Council of Palm Beach County, FL. (2007).
2. Fixen, Naoom, Blasé, Friedman, & Wallace. (2005, p. 82).
3. James, Thompson, & Ringle. (2017); Centre for Community Child Health. (2017).
4. Centre for Community Child Health. (2017); Children's Services Council of Palm Beach County, FL. (2007); Nutley, Walter, & Davies. (2009).
5. Anglin. (2012).
6. Holden, Anglin, Nunno, & Izzo. (2014).
7. Holden, Turnbull, Holden, Heresniak, Ruberti, & Saville. (2020); Holden, (2009).
8. Nunno, Sellers, & Holden. (2014).
9. Smith, Nunno, Martin, Sullivan, & Sellers. (2019 April).
10. Holden & Sellers. (2019).
11. Ibid.
12. Izzo, Smith, Sellers, Holden, & Nunno. (2020).
13. Izzo, Smith, Holden, Norton-Barker, & Nunno. (2016).
14. Izzo, Smith, Sellers, Holden, & Nunno. (2022).
15. Nunno, Martin, Sullivan, & Butcher. (2017).
16. Smith, Nunno, Martin, Sullivan, & Sellers. (2019, April).
17. Nunno et al. (2014).
18. Guerrero, Frimpong, Kong, Fenwick, & Aarons. (2020); McCabe, Ruberti, & Endres. (2022); Nunno et al. (2014).
19. Cooper, Bumbarger, & Moore. (2015).

登入會員下載
全書參考文獻

CARE：6大原則X5大層級，啓動兒少關懷的
正向循環 / 瑪莎．霍登 (Martha J. Holden) 作 .
-- 第一版 . -- 台北市：親子天下股份有限公司，
2024.08

320 面 ; 14.8X21 公分 . -- (學習與教育 ; 253)

譯自 : Care : creating conditions for change

ISBN 978-626-305-992-4(平裝)

1.CST: 兒童福利 2.CST: 兒童保護 3.CST: 機構式
照護服務

547.51   113008648

學習與教育 253

CARE
6大原則×5大層級，啟動兒少關懷的正向循環
Creating Conditions for Change (3rd Edition)

作者｜瑪莎・霍登（Martha J. Holden）
譯者｜李宜勳（Eli Yihsun Lee）
內容審定｜陳毓文教授
責任編輯｜李佩芬、陳子揚（特約）
協力校對｜林昌榮
封面、內頁設計｜FE 設計
內文排版、圖表製作｜賴姵伶
行銷企劃｜林育菁、蔡晨欣

天下雜誌群創辦人｜殷允芃
董事長兼執行長｜何琦瑜
媒體暨產品事業群
總經理｜游玉雪　副總經理｜林彥傑
總監｜李佩芬　副總監｜陳珮雯
行銷總監｜林育菁
版權主任｜何晨瑋、黃微真

出版者｜親子天下股份有限公司
地址｜台北市 104 建國北路一段 96 號 4 樓
電話｜(02)2509-2800　傳真｜(02)2509-2462
網址｜www.parenting.com.tw
讀者服務專線｜(02)2662-0332　週一～週五 09:00~17:30
讀者服務傳真｜(02)2662-6048　客服信箱｜parenting@cw.com.tw

法律顧問｜台英國際商務法律事務所・羅明通律師
製版印刷｜中原造像股份有限公司
總經銷｜大和圖書有限公司　電話｜(02)8990-2588

出版日期｜2024 年 8 月第一版第一次印行
　　　　　2024 年 8 月第一版第二次印行
定價｜520 元
書號｜BKEE 0253P
ISBN｜978-626-305-992-4(平裝)
© 2023 Martha Jane Holden, Residential Child Care Project
Cornell University
http://rccp.cornell.edu
Original Published © 2023 by CWLA Press
Complex Chinese translation edition © 2024 by Commonwealth Education Media and Publishing Co., Ltd
All rights reserved.

【訂購服務】
親子天下 Shopping｜shopping.parenting.com.tw
海外・大量訂購｜parenting@cw.com.tw
書香花園｜台北市建國北路二段 6 巷 11 號　電話｜(02)2506-1635
劃撥帳號｜50331356 親子天下股份有限公司

立即購買 >

親子天下　Education Parenting Family Lifestyle　親子天下 Shopping